寄せ植えギャザリング・メソッド

青木英郎 著

はじめに

　本書の目的は2つあります。まずは、根つきの植物を使った新しい植物装飾の方法について教科書となるようなものをつくろうということです。前作『寄せ植えギャザリングテクニックBOOK』では、この技法の全体像と技術解説を中心にしましたが、本書では素材となる植物の取り扱い方や作品の核となる「花束ユニット」のつくり方など基礎的なところを詳しく解説しています。具体的な内容とともに、なぜそうするのか、考え方についてもできる限り書き記しました。

　第2の目的は「土を使わない園芸」の提案です。この本では、いくつかの例外を除くすべての作品を、ヤシガラ素材「ベラボン」を用土として使っています。植物を育てるための用土と植物装飾のための用土は同じである必要はありません。園芸用土は重く、捨てるのに困っているという人がたくさんいます。ベラボンはこうした問題に対する答えです。

　前著から1年「まるで花束のような寄せ植え」、根つきの植物を使った「フラワーアレンジメントのような装飾」など、さまざまな呼び方でプランツ・ギャザリングが話題になることが増えてきました。一般的な園芸手法とは異なり、基本ユニットとなる「根つきの花束」をもとにして、さまざまな作品制作に応用できるのがギャザリングのおもしろいところです。生きている植物の花や根にたくさん触れることで、植物との一体感や気持ちの高揚を得られます。花が咲くのを何ヵ月も待つのではなく、植え終わったときからきれいな姿にできます。切り花用に改良された品種にはなかなか見られないような繊細な小花や美しい葉を持つ園芸植物を合わせ、重ね、アレンジし、さまざまな気持ちを表現でき、長く楽しめる。植物造形の可能性が新たに開かれたのだと思います。

　ギャザリングは、植物を使った表現活動であり、私たちが使う花や葉の苗は、画家にとっての絵の具と同じです。私たちの表現は、強くて良い苗を育ててくれる人がいなければ成り立ちません。生産者といっしょになって工夫することで、まだまだ発展できる可能性が見えてきます。ギャザリングの方法（メソッド）を学ぶ人たちには、単に技術だけでなく、生産者やギャザリング制作者の緊密な交流と連携を大切にしていってほしいと思います。ギャザリングという人と植物を結びつける方法は、この日本で生まれました。私はいま、植物を用いたこの新しい表現とネットワークの方法が、いつか世界へと発信され広がっていく、そんなことを想像しながら今日もまた人と出会い、花に触れています。

ガーデニング工房あおき　青木英郎

〚 ステップ別 〛 本書の使い方

本書では「土を使わない」「小さな花束ユニットのつくり方」「花束植え」「マウント」といった具体的な制作テクニックのほかに、道具・資材の紹介、苗の選び方や取り扱いなどを、章を分けて紹介している。ここでは、ギャザリングを始めようと思い立ってから完成までのプロセスをまとめ、チャート化した。必要なところからページをめくってみよう。

プロセス 1　イメージ & プランニング

どこにどんな花を飾ろう？ギャザリングを始めてみたい。
まず、花を飾る場所はどこにするか。玄関やベランダ、壁面……。
花の色や大きさをイメージして、プランを立てる。

→ この段階の人は、P.8 へ

プロセス 2　道具と資材

道具や資材はどうすれば良い？
器の大きさ、台はどうするか。リースなどを掛ける道具はあるか。
必要な道具や材料は揃っているか？

→ 道具から知りたい【第 2 章】P.22 へ

プロセス 3　どこでつくる？

ギャザリングをどこでつくるのか。土の処分ができる場所はあるか？

→ どういう環境が必要か【第 3 章】P.32、38 へ　　→ どこでつくるか【認定ギャザリスト情報】P.33 へ

プロセス 4 器と花を選ぶ

まずは、フラワーショップ、園芸店に行ってみよう。

→ 決めたら、すぐ行動【第3章】P.38 へ

プロセス 5 花束ユニットをつくる

ギャザリングの基本的なテクニック。
1 根鉢を崩し根元にミズゴケを巻く。
2 小さな花束を組み上げる。

→ 花束ユニットのつくり方を知る【第3章】P.50 へ

プロセス 6 植え込む

花束ユニットをどう植え込んでいくか。
さまざまなギャザリングのスタイルで。

→ スタイル別に植え込み方を知る【第4章】P.52 へ

※スタイル別のつくり方は、リース（P.60）フラワーポット（P.68）
　ルーティブーケ（P.92）ウォールバスケット（P.104）

プロセス 7 完成！飾ろう

ギャザリングの完成。どう飾り、どうケアしていく？

→ 植え込んだ後の管理の仕方など　P.120 へ

Contents

はじめに ... 3
〚ステップ別〛本書の使い方 ... 4

第 1 章　ギャザリングという方法 ... 8

第 2 章　揃えておきたい道具と資材 ... 22

第 3 章　植物に触れる方法 ... 38

第 4 章　ギャザリング・レッスン ... 52
　　　　　ワンユニット ... 54
　　　　　リース ... 60
　　　　　フラワーポット
　　　　　　ナチュラルスタイル ... 68
　　　　　　マウントスタイル ... 74
　　　　　ルーティブーケ ... 92
　　　　　ウォールバスケット ... 104
　　　　　〚Column〛管理と手入れ ... 120

第 5 章　さまざまなギャザリング例 ... 122

植物 INDEX ... 138
ギャザリングと認定ギャザリスト情報 ... 33,142
おわりに ... 140

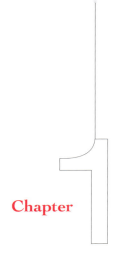

Chapter

ギャザリングという方法

ギャザリングは苗や鉢をフラワーアレンジメントで切り花を扱うように
自在な組み合わせを可能にした。「寄せ植え」から、より高度な表現へ。

「ギャザリング」とは？

根をつけたままの植物を、切り花のように自在にアレンジする

植物を花束のように組み合わせて植え込む「切り花アレンジメント」のような寄せ植えのこと

ギャザリングは、何種類もの根つきの植物を花束のように手のなかで組み合わせて器に植え込む、新しい植物装飾（プランツ・アレンジメント）の技法。植物が生長し大きくなるのを何ヵ月も待つのではなく、植え込んだときから豪華で鮮やかな装飾作品に仕上げられ、時間の経過とともに新たな表情を楽しむことができる。

このように、フラワーアレンジメントなどと同じように楽しめる方法だが、日持ちの良さ、切り花が飾れない環境に置けること、ローメンテナンス（面倒が少ない）といった利点にも注目したい。新たなフラワーギフト提案や、大規模施設内での、明るい吹き抜け空間など切り花が弱りやすい条件下でも長く生花を展示することができるといった新しい植物装飾の可能性を見出すことができる。

土を使わず自然素材の用土に「根つき花束を植える」新しい植物の装飾技術

ギャザリングは花苗を使うので一般的には「寄せ植え」の技術として紹介されているが、本書では「植物装飾」という少し大きな枠組みで見ていきたいと考えている。なぜならギャザリングでは、例えばブーケなど「寄せ植え」以外のスタイルにも対応が可能だからだ。植物は鉢から自由になっ

フラワーアレンジメントとプランツギャザリングの共通点と違い

フラワーアレンジメント	共通点と差異	ギャザリング
切り花	使用素材	苗もの（花苗・グリーン）
水揚げ	事前準備	根鉢を小さくする ※ブーケの場合は土をきれいに洗い落とす
吸水性スポンジ・剣山など	メカニック（花留めなど）	「ベラボン」、培養土
茎を切り、1本ずつ挿し入れる	テクニック	茎を切らず、花束にして挿し入れる
花器	器	植木鉢、花器（底穴あり、なし）
ラウンド型のアレンジメント	作品タイプ	マウントギャザリング
ブーケ	作品タイプ	ルーティブーケ
装飾的な組み合わせ・グルーピング・植生的な・マッスなど	表現タイプ	装飾的で緻密な組み合わせ・グルーピング・植生的な・マッスなど
短期間	装飾できる期間	長期間

植えこんだときから華やかで美しいのがギャザリング

上／半年以上枯れたまま誰にも気づかれないプラスチックの壁掛けプランター

下／秋から冬にかけて見られるフラワーコンテナ、「いつかきれいになる」のを待っている

た。それでもなお、ギャザリングが寄せ植えのひとつのスタイルのように思われるのは、「根のついた植物素材」が、花壇に植えるための花苗しかないからだろう。もし、もっと多様な植物素材が手に入るようになれば、ギャザリングで表現できる世界も大きく広がっていく。これまで別々のものと考えられてきた、切り花装飾と鉢もの装飾は、ギャザリングによってその境界を融合し始めている。

細かい技術的な特徴はさまざまあるが、ここでは「花束植え」「インサート（挿花）法」「マウント技術」の3つを挙げる。「花束植え」は植物素材を手のなかで組み上げて束ね、それを植える方法。世界の切り花装飾の歴史でも、花を束ねる仕事は数千年の歴史があり「花を束ねる人（ブルーメンビンダー）」という言葉が花店を表す国もある。花束をまとめて花器に詰めてテーブルアレンジにしていた時代も長かったという。「花束植え」は、手のなかで丁寧に植物を組み合わせ細かな表現を実現する操作性と、根量を減らした植物が互いに支える構造にもなっている。

「インサート（挿花）法」は、後から土を足すのではなく、あらかじめ用土を入れた器に花を挿し込む技術で、いままでの園芸手法とは逆の順番だ。フラワーアレンジメントで、器に吸水性スポンジをセットしてから花を挿すのと似ている。簡潔にきれいに作業ができるとともに、用土に根が密着し植物の初期生長を促すこともメリット。

「マウント技術」は、植物の根鉢を石垣のように構造材として用いるユニークな技術だ。背の低い植物だけを使ってもボリュームのある作品にできる。具体的な内容とつくり方は各章を参考にしてほしい。

ここがポイント！

ギャザリングの基本技術は「花束植え」「インサート（挿花）法」「マウント技術」

1. 植物を根をつけたまま花束に組んでユニット（構成単位）にする
2. あらかじめ器に入れたヤシガラ素材の培地（ベラボン）に差し込む
3. ユニットの根鉢を盛り、背の低い植物を生かす

「きれいな」植物装飾は空間の質を変え価値を上げる

　まず、どこに飾るかということを考えてみよう。ポイントは「どこから見てほしいか」考えること。ギャザリングは、植物を根つきのまま切り花のようにアレンジする方法だ。土を使わずヤシガラ培地に植えるので軽い。栽培するという観点から少し離れると、置き場所は大きく広がる。生育に影響のない短期間なら切り花が飾れるところにはすべて飾れるし、切り花が耐えられない屋外にも置ける。生育に適した環境なら切り花よりはるかに長く飾ることができる。事前に余裕をもって準備することもできる。

　コンテナ植えや鉢植えの植物は庭の点景として要所に配置され、建築物と庭をつなぐ働きをする。窓辺やバルコニーなど地植えできない場所に植物を飾るためにも用いられる。いずれも、比較的遠くから眺めて美しく見えるように植物が選ばれ植えられてきた。そのため、組み合わせは植物の植生が似たもの同士を合わせ、色の固まりがはっきりわかるような表現になる。ギャザリングの方法による寄せ植えは、植物を見る人の視点と距離がこれまでのイメージより近い。邸宅のバルコニーから庭を眺め、通りからウィンドウボックスを眺めるより、ずっと近くから見ることを求める。遠くからは色や形で目を引き、近づくと繊細に織り込まれた多様な花や葉の諧調が見えてきて、印象深く心に焼き付けられるだろう。そんな細やかな表現がギャザリングの持ち味だ。たくさんの鉢を並べなくても、花台に載せた大型のギャザリングの一鉢が空間の質を変える。その場の価値を上げられる。個人の趣味としての園芸も良いけれど、もっとパブリックな場所に、きれいな植物で彩られた装飾があると良い。残念ながら、いまはそれが十分にできているとは思えない。少なくとも商業施設では、造花ではなく、もっと多くのきれいな植物装飾を取り入れてもらいたい。植物は一年中生産者が育てている。私たちはギャザリングの方法で「きれい」をいつでも実現できる。花が咲くことを何ヵ月も待つ必要はない。

ギャザリングの特長はシステマチックな流れと、できあがりの建築的な構造

　ギャザリングの方法では、土を使わず自然素材の培地を中心に植物を植えている。理由は3つある。ひとつは軽さ。鉢や土が重いということはそれだけで人を園芸から遠ざける。年齢を重ねると植物が好きな人でも次第に大変になってくる。そのため軽い培養土を探し、それを使ってきた。その結果、ヤシガラ素材にたどり着いた。

　2つめは植物をホールドする力。「花束植え」をする際に軽く入ってしっかりと植えつけられる。

　3つめは、処分するときに可燃物として捨てられるということだ。

　ギャザリングはとても繊細で複雑につくられた美的表現だ。つくるのは難しくない。「花束植え」という技術を使った植物による表現方法は、複数の花やグリーンの苗を「小さな花束」に組んで、基本の構成単位（以下、ユニットと呼ぶ）にし、それを器に植え込んでいく。このユニットを単体で用いる、あるいは、容器や構造物に植え込むことで作品として完成させる。とてもシステマチックな造形方法で、下準備に慣れてくると、手早くきれいに形つくることができる。ただギュウギュウと植えているのではないので、花がしっかり生育するのもメリットだ。

ギャザリングは植物をたくさん使って豊かな表現をめざす

　はじめてギャザリングを体験した人は、たくさんの植物を使うことに驚くだろう。慣行の方法の3倍の苗が必要になることもあるほどだ。ギャザリングを行う人は、生産者を大切にする。ギャザリングは新鮮で良い苗でなければつくれないため、生産者との積極的な連携が大切だ。私たちが年間を通じて植物を自由自在に使い、さまざまなイメージを表現できるのは、産業としての苗生産の存在が前提にある。趣味の花づくりと違って、ひとつの種類を大量に育てる施設と技術があるということだ。もし、このたくさん育てられる花をたくさん使う人がいなければどうなるだろう。

1980年代以降、切り花の世界では流通量が一気に増えたが、ちょうどそこにタイミングを合わせたようにヨーロピアン・デザインの波がやってきた。それは種類も量もたくさんの花を使う手法で産業全体を成長させるのに役立った。それでは、鉢ものの世界はどうだっただろう。造園分野や屋外を舞台にしたガーデニングブーム以外で花苗をたくさん使うようなムーブメントはあっただろうか。

　作品のスタイルや技術だけではない。生産者の努力が正しく評価され、私たちもその豊かな成果を使える。そういう関係を大切にするのがギャザリングの方法だ。

「花束植え」と「インサート（挿花）法」

　ギャザリングの方法は、鉢ものや苗を切り花のように扱うことを可能にした。

　吸水性スポンジに挿してつくる切り花アレンジメントと同様に、培養土に花束ユニットを挿し込んでいく。挿し込むことで器と培養土によって植物が強くホールドされるため用土に根鉢が密着し、根の活着を助ける。後から土を足したり、棒でつついたりする必要がなく、作業もきれいにすすめられる。器やテーブルを汚すことも少ない。

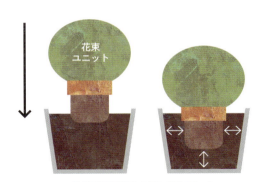

鉢花を切り花のように挿していく

「マウント」技法―植物でつくる石垣

マウント技法は植物でつくる建築的構造体

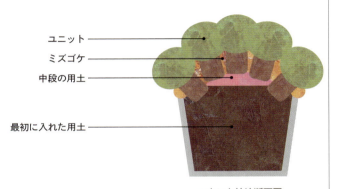

マウント技法断面図

ギャザリングのスタイルと作例

ユニットの組み合わせで多様な表現を可能にする

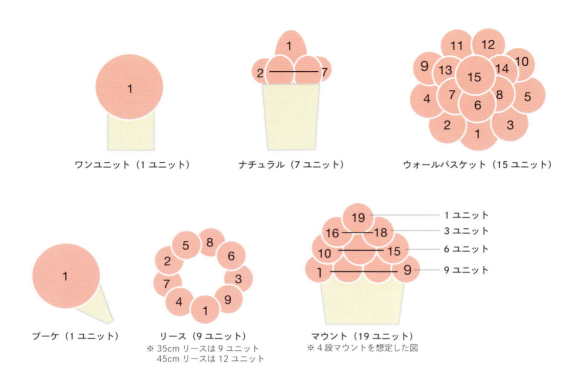

ワンユニット（1ユニット）　ナチュラル（7ユニット）　ウォールバスケット（15ユニット）

ブーケ（1ユニット）

リース（9ユニット）
※35cm リースは9ユニット
　45cm リースは12ユニット

マウント（19ユニット）
※4段マウントを想定した図

ひとつの旋律から生まれる交響曲のように

ギャザリングの造形方法の特徴は、植物を素材としてユニットとなる花束をつくり、それを組み合わせることで多様な表現を生み出せることだ。例えるなら、ひとつの主旋律から交響曲が生まれるようにユニットの音色は、さまざまな副旋律と組み合わさり、変化を加えながら全体に心地よい諧調をもたらしている。

ギャザリングの作例を見てみよう

　器はどんなものでも利用できる。左は、サクラの古木にビオラを合わせたギャザリング。日だまりのなかで春を待つような風情の小花を、温かく見守るようにおさめている。

　下は、横に広いスクエア型の器に、あふれるようなたくさんのグリーンとカラーを植え込んだ。全体をまとめすぎず、カラーが引き立つように高く入れている。やがて開花シーズンが終わっても、器の存在感とグリーンだけで長く楽しめるようなデザインだ。

　右は赤紫一色で目を引く作品。まるでフラワーアレンジメントのような華やかさがある。切り花の生け込みと違って、玄関など屋外で人を迎えることができ、長く楽しめる。ギャザリングは、植物が編み込まれたひとつの絵のようにつくられている。そのフォルムは遠くからでも目を引き、近づくとより繊細な変化に富んだ花や葉のハーモニーで人を楽しませる。

《　使用花材　》

左頁／
ビオラ、チェッカーベリー、ハボタン、オルトシフォン、ガーデンセージ、コロキア・コトネアステル、クランベリー、ヒューケラ、アカエナ、カレックス、桜の幹

左／
カラー、フロックス、ツルニチニチソウ、ヘデラ、ドラセナ、オステオスペルマム

上／
カーネーション、ネメシア、プチダリア、ペチュニア（リトルホリデー）、リシマキア（シューティングスター）、キンギョソウ（ブロンズドラゴン）、レモンゼラニウム

【 使用花材 】

バーベナ（ラナイ・ライムグリーン）、ペチュニア（エミネニア）、ロータス（ブリムストーン）、フォックスリータイム、ヘデラ（雪の花）、オステオスペルマム（セレニティー・ピーチマジック）、カリブラコア（スーパーベル・オレンジキス）

　植物には実に多様な魅力がある。花だけではなく、葉の色や形、質感のなんと表情豊かなことだろうか。それぞれの植物が持つ魅力は組み合わせることでより素晴らしい効果を発揮する。ひとつずつ鉢で育てるだけではもったいない。観葉植物は葉が美しいだけでなく強い。インドアでの楽しみもギャザリングで一気に広がっていく。

大きな器で

明るい吹き抜け空間が増えている。広い空間のあるエントランスに飾りたい大型の観葉植物ギャザリング。切り花の生け込みとは違った魅力とメリットがある。

【 使用花材 】

ステレオスペルマム（斑入り）、ニューサイラン（赤葉）、ヒペリカム（斑入り）、スパティフィラム（斑入り）、キキョウラン、ヘデラ、オリヅルラン、ネフロレピス（タマシダ）

生きていくブーケ「ルーティブーケ」

　ルーティブーケは、観葉植物を中心につくる場合が多いが、さまざまな草花を使って切り花と同じような感覚で束ねてアレンジすることもできる。固定概念を捨てて、いろいろな花材に挑戦してほしい。

　コチョウランはお祝いごとに贈られる鉢ものの定番になっているが、ひとつの植物がひとつの用途にしか使われないのはもったいない。ギャザリングでほかの植物と組み合せてみたり、この作例のように根をつけたままブーケにしてみたりと、新たな可能性がある。下の1は、実際の婚礼でつかわれた切り花とのミックススタイル。ギャザリング・モスで保水し、ナチュラルステムのクラッチブーケと同じように寸前まで水に浸けておく。（撮影／白久雄一）

〖　使用花材　〗

1／
ゼラニウム（斑入り）、シュガーバイン、ユーフォルビア、デルフィニウム（切り花）

2／
コチョウラン、スパティフィラム（斑入り）、シッサス（エレン・ダニカ）、ミスカンサス、アスパラガス

3／
ペチュニア（カプチーノ）、キンギョソウ（ブロンズドラゴン）、プチロータス（ジョーイ）、ユーフォルビア（ダイヤモンドフロスト）、ポトス、ミスカンサス、ハツニキカズラ、レックスベゴニア

2

3

1

Chapter

揃えておきたい道具と資材

道具や資材はどうすれば良い?器の大きさや台はどうするか。
必要な道具を揃えてギャザリングを効率的に行うために。

道具と資材

必要な道具と資材、その使い方

独特な手法を用いるギャザリングでは、繊維の長いミズゴケ（および化学繊維でできたギャザリング・モス）と回転台、ハサミ、処分土やポリポットを入れる大型のトレイ、バケツなどは必須。このほか、あると便利なのは、シートや手袋、ワイヤー、ピンセット、土入れ、ジョーロや霧吹きなど通常の園芸用品。きれいに作業ができる。

用土は主に天然ヤシガラ素材「ベラボン」を使用する。土を使わず、あるいは減らすためだ。肥料はほどんど使わないが、必要があれば液体肥料を使う。

【ギャザリング基本セット】

大型トレイと2つのバケツ、回転台、AAAAクラスの乾燥ミズゴケ、ギャザリング・モス（保水機能のある化学繊維の毛糸）この他に培養土が必要。

花器（写真は綱木紋花器）

白いバケツと大型トレイ　ミズゴケと水を入れる

回転台

乾燥ミズゴケ（AAAA）

ギャザリング・モス（化学繊維の糸）

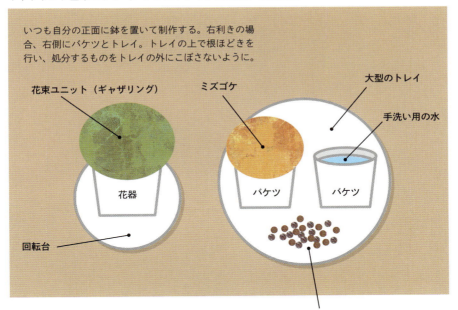

ギャザリング基本セット（バケツとトレイ、回転台）の配置図

乾燥ミズゴケ

ギャザリングの核となる最重要素材。たっぷりと水を含み、乾燥するとたくさんの空気を取り込む天然の材料。花束ユニットの根元に保水のために巻きつけて使う。規格を示す「A」が多いほど長い。園芸専門店などで入手。

ギャザリング・モス

100％アクリル素材でできた化学繊維の毛糸。繊維が毛羽立つため、保水でき、巻き留められる。さまざまな色があり繊維の毛立の長短2種類がある。ルーティブーケには必須。

大型のトレイ

作業とともにたくさん出る花苗の「土」をテーブルや床に落とさないようにすべてこのトレイのなかで行う。軽くて丈夫な大型のトレイならどんなものでも構わないが、23号（直径約60cm、深さ約15cm）の白い深型鉢皿を推奨する。深さがあるので、リースを入れて水を吸わせるときにも便利に使える。

バケツ2個（白を推奨）

ギャザリングでは2つをセットにして大型トレイに入れて使う。ひとつはミズゴケを入れておき、もうひとつは水だけで使用する。バケツに入れた水で土のついた手を洗っていつもきれいな状態で花や器に触れたい。ルーティブーケでは根から土を完全に洗い落とすのにも水を使う。（左ページの写真はニトリで購入した白いバケツ）。

回転台

大型のポットや器を用いることが多く、使用する苗の数も多いため、全体が重くなってしまうこともある。そんなとき回転台があると、自由に回せるため作業をすすめるのにストレスがかからない。なくても支障はないが、作業性や気分は大きな違いになる（左ページの写真は人工石の天板のものをメーカーに特別注文してつくってもらっている、あおき式オリジナル製）。

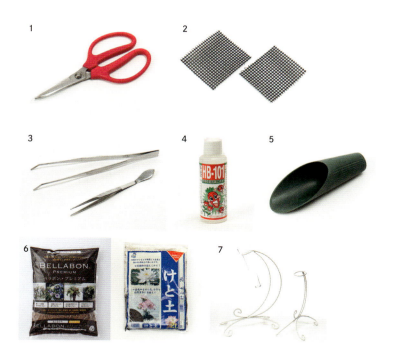

TIPS
豆知識

道具セットの持ち運び

コンパクトにすれば、台車一台で運べる。

1　ハサミ

不要な枝葉をカットするときや、苗の姿を整える、実や花をよく見えるようにする、根鉢を切り開くときなどに利用する。道具を使うことで素早くきれいに作業ができる。清潔を保つことが大切（写真は新潟県燕三条のメーカー製）。

2　鉢底ネット

「鉢底石」は使わない。その代わり、鉢底ネットを敷いて直接用土などを入れていく。鉢底石の目的は水はけを良くするためだが、水はけが良くなれば肥料成分が流れ出しやすく、乾燥もしやすくなってしまうので、ギャザリングでは使わない。一方で、大型の器を選び、水やりの回数を減らすのも園芸を楽しむ工夫のひとつだ。器の底穴が大きめのものにネットを敷けば、空気が入りやすく根の生育に良い効果がある。

3　ヘラつきピンセット、ロングピンセット

ピンセットは細かい作業が必要な多肉植物を扱うときに便利。深いガラス器のなかに植え込むときにはロングタイプが必須。ヘラつきは、用土を平らに押さえるときに役立つ。通常の培養土のほか、ケト土をならすときにも活躍する。

4　植物活力剤・液体肥料

植物の発根を促す養分が含まれた「植物活力剤」をミズゴケに含ませて用いる。バケツの水に適量を溶かして使用する。流通している花苗、観葉植物の培養土には元肥がすでに効いている。そのため、ギャザリングでは肥料を与えなくても良いと考えている。むしろ、生長を抑制気味にするほうがアレンジした姿を長く楽しめる。しかし、たくさんの花が長期にわたって咲くものには、開花を促す液肥が有効。観葉植物には生育を助ける液肥を適量、水やりの際に与えるのも良い。これが肥料についての基本的な考え方だ。

5　土入れ

ギャザリングでは「マウント」制作の途中で用土（ヤシガラ素材）を足していく作業がある。従来の園芸の植え方とは異なり、苗に用土を足すのではなく、用土に苗を挿入する手法なので、鉢を揺すり、棒でつつくという作業はしない。小さな土入れがあるとテーブルや器を汚さずきれいに作業ができて便利。

6　培養土

培養土については、P.30～を参照。ギャザリングではヤシガラ素材の「ベラボン」(フジック社製)を中心に使っている。植物の生育を促し、軽く清潔で、処分するときには可燃物として捨てられる。ベラボンのほかには、ふかふかでやわらかい黒土ベースの培養土をすすめている。「築山御苔」のスタイルでは「ケト土」(水生植物の腐植が主体の園芸用土)を用い、その可塑性とホールド力を利用して造形する。

7　ルーティブーケ専用スタンド

ルーティブーケをつくったらどう飾るか。重さのある花器にステム部分を入れて切り花のように飾るのもひとつの方法だが、ルーティブーケの専用スタンドもある。太いハンドル部が入るように大きめのリングになっている。

そのほか

リースやウォールバスケットを飾るフックやスタンドもあると便利。フラワーデザインで用いるワイヤー類はツル植物を思った場所に留めつけるときなどに利用する。

ミズゴケとギャザリング・モス

乾燥ミズゴケ(1・2)

花束ユニットの根元に保水のために巻きつけて使う。そのため一本一本の繊維が長く品質の良いものが必要だ。繊維が短いと少しずつあてていくしかなく手間がかかる。そのため、できるだけAAAAクラスを使いたいが、手に入らなければAAAと、保水できる化学繊維の毛糸(ギャザリング・モス)を合わせて使う。乾燥ミズゴケは、パッケージを開けて一度水分をしっかりと吸わせると取り出しやすい。

ギャザリング・モス(3・4)

100%アクリル素材でできた腐らない化学繊維の毛糸。繊維が毛羽立つため、糸どうしがくっつきやすく留まりやすい。繊維と繊維の間にたくさんの水分を含み保水できるため、活用範囲が広い。作業するとき簡単に手で切ることができる。色と素材の異なるものが用意されている。基本の花束ユニットをまとめるとき、またはルーティブーケのハンドル部分の保水、多肉ギャザリングでの装飾、ガラス花器のなかに入れて装飾としても楽しめる。和紙素材の「アートミズゴケ」とは機能性が全く違うので要注意。

TIPS
豆知識

乾燥ミズゴケは強く圧縮されているので、長い繊維がちぎれないようにパッケージを開いて水で濡らしながら少しずつ取り出すと良い。

器とフレーム
器はデザインの重要な要素

　器を安価で大量にあって、「手に入りやすい」、「お洒落だから」という理由だけで選んでいないだろうか。つくりたい作品の色のイメージにあった器、表現したいデザインに合った器を探そう。もしなければ、つくろう。色が気に入らなければ、塗り替えよう。

　ギャザリングは基本ユニットである「小さな花束」を用いて、さまざまな作品をつくることができる。基本的な器から、より実験的な「フレーム（骨組み・構造体）」を用いることで、垂直・水平へとデザインを広げられる

大阪府河内長野市にあるイシダ工房、石田保さんのつくる「綱木紋（つなきもん）花器」。自然素材の樹脂でつくられる多様な形の器は、軽く、強く壊れにくい。小さなすき間があって根の生育も良く、植物を飾り育てるのに最適な構造になっている。取っ手のついたものは、持ち運びにとても便利だ。

左／バスケットに布を張れば、コンテナとして使える。
右／高さ10cmほどの手づくりの陶製花器に植えた多肉植物のウォールバスケット。

同じような色のコンテナやポットで統一感と小さな変化を同時に見せていく。立体的に飾れるのがポットやコンテナの良いところ。用土をベラボンにすることで大きな器を使っても、従来より軽く仕上がっている。花台などに乗せて、視線に近いところに花を置き、きれいな花の価値を高めよう。レリーフつきの器は、高級感を演出できる。

ここがポイント！

レリーフ装飾が施された器には、石膏素材のものが多く、長く使うと少しずつ劣化していく。このような器は、透明なラッカーやペンキを塗って素材を保護すると長持ちする。器の色もデザインの要素。デザインに合うように塗り替えると楽しい。気がつくと増えてしまったいろいろな形の器も同じ色で塗ると統一感を演出できる。水性ペイントで、乾くと耐水性になるものが便利。塗るときは、外側だけでなく、必ず内側にも塗っておこう。耐久性がかなりよくなる。

フレーム（構造体）を使った空間デザイン

オジリナルのフレームを考えてルーティブーケを配置すると、いままでにない装飾ができる。切り花にないナチュラルで魅力的な花材を新鮮に見せられる。切り花よりも日持ちして、置き場所が広がるといったギャザリングならではの空間デザインを考えよう。

培養土

ギャザリングに適したものは何か

土を使わないで植物を育てられないか

植物を育てるためには、根を植え込む材料が必要だが、必ずしも土である必要はない。ピートモスやロックウール、あるいは、「水耕栽培」「植物工場」のように養液で栽培することもできる。ギャザリングでは、2015年にヤシの実チップ「ベラボン」（株式会社フジック）との出会いをきっかけに利用を広げている。季節を変えて数多くのテスト栽培を行い、良好な結果を得たので、あらゆる作品に使っている。その結果、「土を使わない」園芸手法として注目されるようになった。ここでは、一般的な培養土についての考えと使い方、および土に代わる素材としてベラボンの特長について紹介する。

つくるときから「きれい」にできる培養土の使い方とその性質

ギャザリングでは最初に器に用土を縁いっぱいまで入れて作業を始める。基本的な植え方では、用土を入れた器に「ユニット」を挿し込むようにおさめる。この方法は「花束植え」という技法と組み合わせることで実現するギャザリング固有の方法だといえる。これだと、器や作業テーブルをほとんど汚さずにすむ。ギャザリングは、つくるときから「きれい」つくった後も「きれい」であることを目指している。

従来の園芸手法で寄せ植えをつくる場合は、苗を置いてから隙間に土を入れていくことになるため、どうしてもテーブルに土がこぼれてしまう。小さな隙間に土を均等に入れていくのは難しく、いったん土を入れた後、鉢を揺すり、細い棒で何度もつついてしっかりと土を詰めていく作業をしなければならない。このような作業はギャザリングには必要ない。何度も土を触らないので、植物も器も汚れない。いろいろな点でとてもスマートな方法で、初心者でも大変な思いをすることがない。

このようなギャザリングの特性に適した培養土の性質は、次に挙げる3つのポイントがある。時間をかけて、いろいろな培養土を試してみたが、最終的には、野菜栽培に用いられる黒土ベースの用土を推奨することに至った。

○小さな花束「ユニット」をすっと挿し入れることができるような柔らかな性質
○植えた後、根鉢をしっかりと支えてくれる保持力
○吸水、保水、保肥力があり、適度な通気性や排水性がある

一般的に園芸では培養土を考えるとき、2つの考え方がある。ひとつは、植物の特性に合わせて、その生育にいちばん適した培養土をそれぞれに用意して育てること。水はけや保水・保肥、土壌の酸性・アルカリ性といったポイントがある。もうひとつは、どの植物にもある程度適用できる汎用性の高いものを利用し、できるだけシンプルにシステマチックにする。ギャザリングは後者の立場だ。そのほうが園芸に詳しくない人にとっては楽しみやすい。

培養土に求められる 3 つの性質

ギャザリングでは重い土の代わりとなる素材をすすめているが、入手が難しい場合や培養土の感触が好きならば、黒土ベースの軽めの培養土が良い。

ギャザリングに適した培養土について

　先に挙げた性質をクリアする培養土ならどのようなものを使っても良いが、ここでは、野菜や花苗の生産者が使っているのと同じ土を袋に詰めている「苗やさん培養土」を紹介する。この黒土ベースの培養土を使った人は、ほとんどがその「ふわふわ感」に驚く。とてもふわふわしていて土ではないような感覚だ。指で押してみると、すっと吸い込まれるように指が入っていく。当然、苗は力を入れなくても簡単に、気持ちよく土に入っていく。

　この土を作っている川井さんは、種まきから定植、植え込みまでができ、花はもちろん野菜苗の生産もすべて同じ土で管理できるように、30年試行錯誤し研究してきた。オリジナルの配合によって保肥力もあるため、この土でつくると粘り強い苗ができるのだという。オリジナル基本培土にピートを絶妙なバランスで配合した苗やさんの用土は、とてもふかふかしている。この特有なふかふか感は、土のなかに酸素を取り入れ、根の呼吸を手助けし、通気性、適度な排水性、保水性があることを表している。配合比率は春夏秋冬で少しずつ変えており、春秋用・夏用・冬用の3つの型につくり分けるほどのこだわり方だ。こうした丁寧な手間のかけ方が植物の生育の差につながっていく。

「苗やさん培養土」左の明るい黄緑色の袋が12リットル、右は25リットル。
（写真協力：花・野菜苗生産直売のお店 苗やさん）

「土」以外の用土にしたら園芸ファンをまだまだ増やせる

　培養土の説明については先に述べた通りだが、土を使わなければ、もっと園芸や植物を身近に楽しむ人が増やせるのではないか。そう考えて、土に代わる培養土や土を使わない装飾の方向を探してきた。その結果が、ルーティブーケや多肉植物などを使ったカテゴリーの開発につながった。「土の代わりになる紐」を探しているうちに出会ったのが「ギャザリング・モス（化学繊維の毛糸）」だった。ギャザリング・モスは種類が増え、色や毛足の異なるさまざまな商品が揃っている。これらは、ミズゴケの代わりにルーティブーケやガーランドに使い、そのほか多肉植物など、さまざま装飾に用途が広がっている。

　このような取り組みのなかでもっとも大きな収穫は「ベラボン」との出会いだった。この後に詳しく述べるが、ベラボンには「軽く」、「清潔」であるほか、植物の栽培において良い効果をあげられる特長がいくつもある。しかし、生活者にとって最大の強み、アピールポイントになるのは、処分するときに「可燃物として捨てることができる」ということだ。枯れてしまった鉢の土を処分するのが面倒だというのは、園芸を楽しむ人を増やすための大きな障壁となっている。

　各自治体によってルールが異なるが、園芸用土の取り扱いは東京23区をはじめ、多くの自治体で、土や砂・石をごみ収集に出すことができない。処分する際は自分で地域のクリーンセンターに持ち込むか、マンションの管理会社や園芸店、業者に頼んで処理をしてもらうようにすすめる地域も増えているようだ。関東から東北地域では、公園の管理事務所などで土を集めたり、剪定枝を回収したり、培養土を配ったりするサービスも原発事

故以来、取りやめになったままのところも多い。「ベラボン」はヤシの実からつくられた天然素材の植え込み材料で、プロの生産者が土壌改良に使っている。庭のある人なら、土に混ぜても良いし、最終的には、可燃物として処分できる。

ベラボンにはこのほか、できた作品の重さが軽くなるという特長がある。植えたものが軽くなれば、女性やお年寄りでも扱いやすくなる。ギャザリングでは鉢底穴にネットを敷いてベラボン単用で使用することが多いが、人によっては、植え込むときに培養土のホールド感のほうが好きだという場合もある。その際は、ユニットの根鉢がすっぽりと埋まるところまでは培養土、その下にベラボンという2層仕立てで対応していくと良い。下を重くするために培養土を下に入れる、あるいはベラボンを真ん中に入れて上下に培養土といった「サンドイッチ」や「ミルフィーユ」のような土の入れ方など研究してみると良い。

「築山御苔」の作品には「ケト土」が使われる。

楽しく作業できる「行きつけのワークショップ（作業場所）」を見つけよう

ギャザリングでは最終的に土を使わない植え込み材料で、きれいなできあがりになる。しかし、買ってきた苗についている土を落とすなど、準備段階では根鉢を小さくするのにたくさんの用土が出るため、それをどう処分するかは、考えなくてはならない。リサイクルして使うのか、捨てるのか。自宅で作業するのが大変ならば、まずは、ぜひ、近くにギャザリングができるワークスペースを見つけてほしい。良い苗を見つけられるショップであり、かつ、そこで作業もできる、そういうお店が見つかることを願っている。

土の処理の問題は、つき詰めて考えると、もともと社会のシステムと上手につながっていなければ園芸の楽しみも成り立たないということに気づかされる。特にプロとしてギャザリングをやっていくには、業界の流通システムに乗った単なる「お客さま」では続けられない。あおき式ギャザリングの認定技術者は、全国各地にいて、この方法を広げる活動を行っている。詳しい情報はポータルサイトで紹介しているので、参考にしていただきたい。

 ギャザリングに関する総合案内
あおき式ギャザリングポータルサイト　www.87gathering.com

ギャザリングの切り札資材

さまざまな利点のある「ベラボン」の特性について

「ベラボン」に植えた植物はとても良い生育をみせる。この培地に植えた結果は、P.37の写真のように、その根の深く長く細かく伸びた姿に驚かされる。まるで、キノコの菌糸のようにびっしりと根がまわっている。このように数ヵ月、半年たった後、鉢から株を抜くとき、その違いがわかる。

天然ヤシの実からつくられる自然素材

ベラボンはココヤシの実からできている。洗浄し、アク抜きしてあるので、清潔で手が汚れにくく、指先を気にする人にも好評だ。ココヤシは、海流に乗って南洋の島々を旅して分布域を広げてきた。日照りや嵐、塩水にもまれてもその生命を遠くまで運べる理由はヤシの種子を保護する果皮、スポンジ状繊維、殻といった素材にある。ベラボンはこのヤシの実の果皮と殻の中間に詰まったスポンジ状の繊維質が原料になっている。

軽くて根に大量の酸素を与える

ベラボンは土に比べると圧倒的に軽い。フジック社の実験では、水を含んだ状態で培養土の約3分の1の軽さだった。しかも土と比べ、沈下が少なく通気性が確保されていることがわかった。土は時間が経つと粒子の隙間（気相）が小さくなりどうしても沈んでしまうが、ベラボンの場合は物理性が保たれる。素材自体が水分を吸うと約1.5倍に膨張し、乾くと収縮するといったことが起きるのだという。このような膨縮運動を鉢のなかで繰り返すたびにベラボンの繊維に空気が入り、通気性、水持ち、水はけに優れた状態をつくり出している。この特性によって、夏場は蒸れが少なくなり、冬場は土と違ってかなり凍りにくくなる。北日本・東北地域でも、秋に制作したものがガレージのような場所で冬越しでき、春にもう一度楽しめるようになった。

可燃物として処分できる。人にやさしい培地

使用後は可燃ごみとして処分できる。ただ、そのまま捨てるのはとてももったいないので、できるならば、庭土や畑にすき込みたい。そうすることですばらしい土壌改良剤として再利用できる。開発から40年経つベラボンは、実は農作物の土壌改良剤としての歴史が長い。

フジック社の前社長、豊根實さんは、40年も前に「そのうち高齢者が多くなって、植木鉢1個を持つのもやっとの人が増えるだろう」と話していたという。まさにその指摘通り、これまで園芸の世界を支えてきた愛好家も急速に高年齢化が進んでいる。また、同時に若い世代にも、もっと花や緑に親しんでほしい。軽いということと、処分が簡単にできるということはベラボンの大きな特長だ。ベラボンに根が良くまわった鉢はスポッと気持ちよく抜けるので、そのまま植物ごと処分でき、また土で植えたときと違い鉢に泥が残ることもない。爪に土が入ることもなく、植替えも清潔にとてもスマートに行うことができる。

ベラボンは環境に配慮して生産・加工される

ミズゴケやピートモスなどは環境への負荷が問題とされ利用が制限されている地域もある。

ヤシの実（ココヤシ）は、1本の木から30個ほどの実が3ヵ月でできる。果実をつけ始めるとその後は約80年収穫できる。現在ココヤシはさまざまな用途に利用されて産地の人々の生活を支えている。この点も、ほかの資材との差となっている。

ベラボンの問い合せ先

株式会社フジック
www.fujik.co.jp
フリーダイヤル 0120-15-8403

右／ベラボン・プレミアム（5リットルと50リットル入りがある）
左／多肉植物専用ベラボン・サキュレント（1リットル）

ヤシの実の断面図

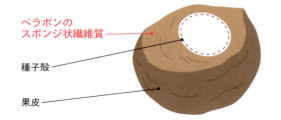

ベラボンのスポンジ状繊維質
種子殻
果皮

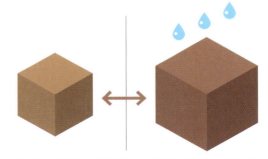

ベラボンの繊維は水分を吸うと1.5倍に膨らみ、乾燥すると縮む。夏場でも蒸れにくく、冬場は保温効果がある。

花束ユニット 根張りの謎

ヤシガラ（ベラボン）主体の培地に植えつけ、半年以上経たものを鉢から抜いてカットしてみた。根が深く入っていることがわかる（P.37参照）。花束ユニットは、複数の植物の根鉢が合わさった状態なので、互いに影響しあって根を伸ばす方向が下方向だけに制限され、誘導されていくのではないか、と想像されるのだが、実際どうなっているのかはわからない。ベラボンの外側には太めの根が多く見られるが、内部にはとても細い根がびっしりと生えているのが見える。

ベラボンを使うときのポイント

　ベラボンの気相（用土中の気体が占める部分）には常に新鮮な空気と水が出たり入ったりする。水やりでは、器の下からジャージャー出るくらいたっぷりやると良い。それにより、不要なものを流し去ってくれることと、ベラボンのチップに含まれる水分と酸素が入れ換わる。このとき、ベラボンは水を吸って膨張し、鉢の中が締まっていく。これにより植物はしっかりと固定され逆さにしても抜けないほどの状態になり、根の活着を助ける。次に乾き始めると収縮し、その隙間にまた新鮮な水と空気が入る。これを繰り返すことにより、健康な根が新鮮な空気と水分を求めて生長する。気相のつぶれた培養土（目づまりした土）では、新鮮な空気が入る隙間がなく、水分も入るだけで出ていかない。いわゆる「水はけ」が悪い状態になる。常に水がある状態では、根は成長する必要がなくなってしまい、呼吸もできない。

室内やキッチンでも清潔で安心。

「アク」について

　ベラボンの原料であるココヤシの実には「タンニン」が含まれている。植物の光合成でつくられる成分、ポリフェノールの一種だ。タンニンは抗酸化作用があり、木材の防腐材などでも活用されている。植物由来のものなので、人間の健康を害するようなことはない。このタンニンなどの成分があるからこそ、ヤシの実は日差しや雨を避けることのできない海上を何ヵ月も漂流し、たどり着いた先で根を張ることができる。

　ところが、園芸培地として使う場合、タンニンは植物の生育を妨げることがあるため、アク抜きが必要である。ベラボンも特別な方法で何度も洗いアクを抜いているが、それでもなおアクが流れ出てくることがあるので、置き場と水のやり方に注意を要す。どうしてもタンニンが気になる場合は、以下のように工夫を。

> **ここがポイント！**
>
> ◎ 培養土と混ぜる、あるいは、ベラボンの下に培養土の層があるように土を入れてフィルター化する（しみ出しが完全になくなるわけではない）。
>
> ◎ たっぷりと水やりをして、鉢の底から水が切れるまで待って飾る場所に持って行く。しみ出しは鉢皿のようなもので受ける。

TIPS
豆知識

> ベラボンには、アク＝タンニンの成分が残っているからこそ腐りにくく培地が目づまりしにくい。また、根鉢の雑菌を抑制し、病気や根腐れの防止に役立っていると思われる。タンニンはコーヒーや紅茶の「渋」と同じような性質を持っている。コーヒーカップに付着した色を落とすのと同じように、キッチンハイター（鉢には泡タイプがおすすめ）などで簡単に落とせる。

豆知識

ベラボンの驚異的な根張り図

土と比較すると物理性が長く持続し、締まらず沈下しないので見事な根が張る。
写真は、ギャザリング制作後、数ヵ月から半年経ってから抜いたもの。

Chapter 3

植物に触れる方法

植物の種類と扱い方を研究する。
生産者を知り、新鮮で強い苗を使う。
「根ほどき」して根鉢を小さくする。

まず知っておきたいこと

いざ、ギャザリングを始める、その前に。

良い苗選びとは、良い生産者を知ること

　良い苗とは「見かけは背が低く見えても、茎が太く節間（葉が茎についている箇所を節と呼び、その節と節の間を節間という）が短くしっかりしている。持ったときぐらぐらしない」「下枝や葉の数が多く、下葉までついたのもの。葉の色が濃く色つやがある、厚みがある。下葉が黄ばんでいないもの」などといわれる。苗をポットから出すときはポットはあまり力を入れずに軽く持ち、斜めに傾け、すっと抜くようにする。空気を持つように大切に扱うこと。抜いたら根鉢を見る。根鉢が大きく白い根が根鉢を取り巻くように見えていること、当然だが病害虫に害されていないことも重要。

　店頭に並んでいる花苗がすべてこのようであれば良いが、実際はそうではない。しかしこのような理想的な苗をつくれる生産者が確かに存在する。だからこそ、その生産者が誰なのかを知ることがとても大切だ。特によく使う花苗や葉ものは毎年使うことになるので、生産者の考え方や新しい取り組みがわかると出荷のシーズンが始まるのが楽しみになるだろう。

その株は分けられるか

　ギャザリングのユニット「小さな花束」をつくるときに、花と何種類かの葉ものを合わせてひとつにすることが多い。そのため、繊細な表現をするためには、葉ものは小さな株に分けられることがとても大事だ。苗を選んだら、株元を観察し、いくつに分けられるかを考え、ギャザリングに必要な苗の数を割り出そう。分けられる苗には「株分け（芽分け・根分け）」できる植物の場合と、ポットに2本以上の「挿し木（挿し芽）」がしてある場合がある。まれに、タネを複数まいて育てたものもあるが同じように分けられる。

　「株分け」は自然に発根した株を、根と芽をつけた複数の株に分割して増やす方法のこと。芽分けや根分けともいう。株分けはもともと発根したものを分割するので技術的にも簡単で安全だ。新しい根が発根する時期ならば、株分けはいつでもできる。「挿し木」の場合は、ポットのなかできれいに分かれている（分け方はP.48を参照）。

　「挿し木」で分けられるのは、生産者が気まぐれにやっているものではなく、私たちが使いやすいように手間をかけてくれているものだ。根が傷みやすいもの、球根類などは分けられず、取り扱いも注意が必要。

株元を見てみる　　　　　　　　シクラメンは根を傷めないように

どんな植物を使うか

植物を種類分けする方法はいろいろある。植物学の○○科、○○属という名前はその植物がどこから来たのかを知るのに役立つ。一、二年草や多年草（宿根草）といったライフサイクルによる分け方もあるだろうし、花の咲く時期で春咲き、夏咲きというのもあるだろう。もっと大ざっぱに日当たりが好きなもの、日陰が好きなもの。水を好むもの、乾燥に強いもの、花もの、葉もの、実もの、ツルものというのもあるし、多肉植物、観葉植物、カラーリーフ（斑入りや葉のきれいな草花、シルバー、ブロンズ、イエロー、ブラックなど）、エアプランツ、シダ類、コケ類、球根類、というような分け方もある。実生、挿し木、接ぎ木といった仕立て方で分けることもある。

背の高さ、ボリューム、色、形。植物の外観はどうか。上に伸びる、こんもりと茂る、横に這うように伸びる、細い葉を外に広げる、ゆったりと伸びて先のほうで下がる、滝が流れるように垂れ下がるなど。ギャザリングに必要なのは、このような外観の特徴、色、ボリュームといった特性だ。市場に出まわる営利栽培向けの園芸品種は、花店などで誰が買って育ててもすぐに枯れないように品種改良がなされたものがほとんどだ。難しく考えず、自分の感じるまま、いろいろな組み合わせのパターンに挑戦してみよう。

根に触れていこう

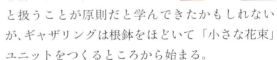

根鉢に触れていこう。根に触れると、今まで考えてもみなかったことに気づくはずだ。たくさんの花苗をポリポットから抜いて根鉢をゆるめ、組み合わせていく。根に触れると、生産者によって根の力が違うことや、土の感触が違うことがわかってくる。今まで根を傷めないようにそっと扱うことが原則だと学んできたかもしれないが、ギャザリングは根鉢をほどいて「小さな花束」ユニットをつくるところから始まる。

根鉢（ねばち）とは

ポットから取り出したとき、根と根についた土の集まりを根鉢という。大きい根鉢は根がしっかり張った証拠。移植する際は、根鉢をできるだけ多くつけるのが基本だといわれている。根鉢を上手に崩して新しい根を出させるのだ。

根鉢に関連しては「ルートバンド」という言葉がある。ポッドバンドとも呼ばれていて、鉢やポリポットなどで根の生育が進んで鉢底まで達した後、とぐろを巻くように帯状にぐるりと根が巻いて「根づまり」になった状態をいう。一般的に、生育に適した季節かどうか、あるいは植え替えの目的によっては、根鉢の扱いを変えたほうが良いといわれているが、ギャザリングでは、注意が必要ないくつかの植物以外は、どんどん根鉢に触れ、恐れずに根鉢を小さくするようにすすめている。理由は、小さくしないと植えられないからだ。

ギャザリングのための植物選び

1「色」 2「背の高さ」 3「植物の形態」

まずは自分の感覚で使ってみたいと思うものを手にするということが重要。つまり、花が豊富にあって選べるショップに行くのはとても大切なことだ。あなたがプロならば、毎週、市場に足を運んで良いものを探すのは当然だろう。良い花だと感じたものや新品種は、いち早く仕入れて「ストレステスト」をする。しばらく苗のまま屋外に置いたり、ギャザリングに使って様子を見る。

植物をアレンジするときには「色、背の高さ、形態」を見ることが大切だ。形態には、まっすぐ上に伸びるもの、上に伸びてから外に広がるタイ

プ、こんもりと茂るもの、這うように外に広がっていくタイプ、垂れ下がるタイプなどがある。それぞれの背の高さや特徴を生かしながら、ふんわりとナチュラル・ギャザリングで植えるか、それともしっかりとしたマウントで盛るなどギャザリングのタイプ別で考えよう。

組み合わせ

まずは植物を自在に組み合わせてみよう。つくるものがパターン化しないためにも自分の感じるままに合わせてみよう。組み合せについての基本的な方法は「花苗を1株に対して、葉ものを2種類で1ユニットをつくる」。ひとつの器に対して、メインとなる花の種類を2〜3種類くらいに抑えてユニットをつくり、ポットに植えつけるとまとまりの良い作品がつくれる。メインの花のなかに含まれている色を基準にして、同系色、反対色といった組み立てで花材を集めよう。

実際にそばに置いて合わせてみよう

器との合わせ方

器の大きさや高さと花材、スタイルを合わせる。器の色、形状や表面の模様もデザインのうちだ。器と花が一枚の絵のように映る作品を目指そう。大きなサイズの器は、たくさんの花や葉を使うギャザリングに似合う。大きいほうが保水も良くなるので、メンテナンスも楽になる。

バラのレリーフが印象的な器に、ハボタンをまとめたユニットをマッスに挿し入れ、量感のあるマウント作品に仕上げた。白いハボタンは外側の緑の葉を取って真っ白なバラのようにしている。斑入りの葉を花のように使うのはギャザリングの得意とする表現技術のひとつ。

ユニットの大きさが変わると印象も変わる

器に対して使用する植物の単体サイズでユニットの大きさが変わる。小さめのユニットは完成に時間がかかるが、細かな表現が可能だ。雑な組み合わせ方ではギャザリングの良さがなくなる。右図は35cmリースを9ユニットと12ユニットでつくる場合の違いを示した。

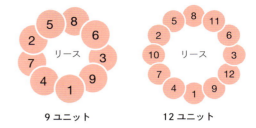

どのくらいの苗の量が必要か

器の大きさ、つくりたいボリューム、必要なユニット数で花苗、葉ものの量が決まる。ひとつの作品をつくるのに、どのくらいのユニット数（苗の数）が必要なのだろうか。まず、実際に器のそばに必要な植物を置いて具体的に考えてみよう。デザインのタイプによって必要なユニット数を割り出す。例えば、6ユニット必要とわかったとする。そこで、花もの1種と葉もの3種類でつくることを考える（下図）。葉もののうち【1】は1ポットが3つに株分けできる。葉もの【2】は、2つに分けられる。もう一種類【3】は株分けできなかった。これらを花に合わせて、2種類のパターンで6ユニットできた。

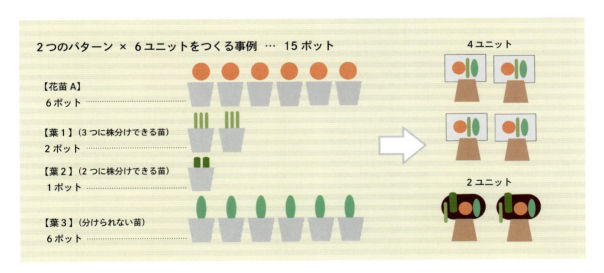

自分の感覚で選ぶこと

ギャザリングの作品づくりにあらかじめイメージを持つことはとても大切だ。飾る場所や器を先に決めることが多いため、自然にできあがるイメージがある。しかし、考え方はいつも型にはめずに柔軟にしてほしい。頭のなかのイメージではなく、むしろ目の前にある花材からひらめくアイデアを生かしたほうが、できあがるものにも生き生きとした感じが出てくるものだ。

Column

人と人のつながりで価値を創造する
花材を育てる人と使う人とのつながりを大切に

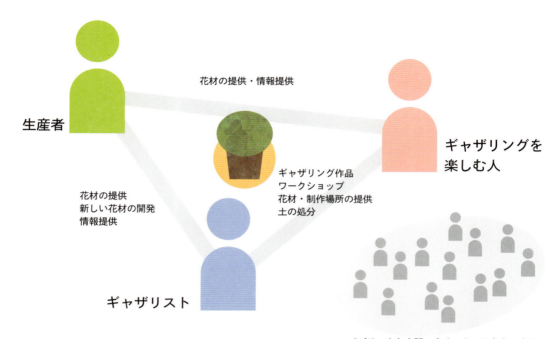

　1960年代、パンジーは畑で露地栽培されていた。当時は魚市場で使われる木製のトロ箱を塩抜きして、根鉢を新聞紙にくるんで出荷していたという。花壇苗は90年の大阪花博のころから需要が増え、栽培施設で大量に生産されるようになり、ポット苗として流通するようになった。都市再開発による緑の需要やガーデニングブームも需要の拡大に貢献した。いまも多くの生産者がさまざまな新しい品種に挑戦し、丈夫で良い苗をたくさん供給している。こうして私たちは、1年を通してギャザリングを楽しむことができている。

　産業としての園芸が個人の趣味と異なるのは、同じ品質の植物を健康にかつ大量に育てるということだ。もし、このダイナミックな植物の流通に見合った使い道がなかったらどうなるだろう。コストに見合った価格で流通できなければ良い苗をつくろうという意欲が出るだろうか。ギャザリングをプロとして取り組んでいる人たちは、自分たちの仕事において最も大事な花材や資材の持続可能な関係づくりに積極的に取り組んでいきたい。常にその関係性のなかから価値あるものを見つけ創造していきたい。プロは生産者のお客さまではなく、パートナーでありたい。

　21世紀になって、SNSを活用し花の生産者と使い手が直接やり取りし、情報交換できるようになった。例えば、どんなものが、いつから出回るかがわかるようになったのは大きな変化だ。ギャザリングに関する情報も詳しく得られ、いま出回っている花材を使った作例もたくさん見ることができる。

　これからは、新しい商品をつくるアイデアをみんなで考えたり、できたものをテストして改善するというような未来に向けての取り組みも大きな進歩を見せるだろう。

花苗はギャザリングにとっての絵の具
新しい素材の開発が表現を前進させる

　ギャザリングをはじめたころは、自分でさまざまな植物のタネをまき、宿根草の株分けをして素材を用意して作品をつくった。当時から親しい生産者にさまざまな品種や仕立てを頼むこともあったが、使う数が限られていて思うようにできないことも多かった。いまは、ギャザリング仲間と一緒になって生産者に要望を出し、それを使うことができるようになってきている。丈の長いツル素材や、切り花品種のようなバラ、ひとつのポットに3〜5株を挿し木して仕立てた草花、そのようなものが少しずつ使えるようになってきた。

　以前から、無農薬で育てた草花であるとか、切り花で流通しているような品目品種が使えるようになると良いと思っていた。生産者とコラボレーションすることでそんなことも夢ではなくなってきた。

3cm角のオアシス培地で育てたポインセチア。高さ・幅それぞれ12cm・18cmほど（提供：岡田成人）

クリスマスローズ（ヘレボルス・ニゲル）の2号苗。このサイズで花芽つき。

スキミア苗。3本仕立ての要望に生産者が応えてくれた。

根鉢を小さくする

切り花の水揚げと同じように、品種や育て方、季節によって方法を変える

　切り花の水揚げと同じようにギャザリングの事前の準備に欠かせないのが、「根ほどき」。根鉢を小さくすることだ。思い切って根鉢を小さく整形する。ユニットを束ねるときに根鉢が小さいと束ねる支点が締まるため、花材をスパイラル気味に倒して上部をふんわりと開かせることができる。逆に根鉢が大きいと合わせても窮屈になる。根鉢を崩して土を落とす作業は大きな作品ほど増えるので、手早くできるようにしたい。

苗の入手、作業できる場所、土の処分を考えておこう

　ギャザリングの下準備では、土がたくさん出るのであらかじめどうするかを決めておく。庭の空きスペースに入れる、苗を購入したお店にお願いして処分してもらう、親しい園芸店で苗を購入するかわりに作業場所と土の処分を頼むといった方法が考えられる。できるだけ、長く続けられる方法を考えたい。

下準備で土がたくさん出るので処分の仕方を決めておこう

【根鉢崩しの三原則】

1.「肩」を取る　

2. 中心部分を残す　

3. 横に断ち切らない　

シクラメンのような球根植物は根を傷めないように、水につけて溶かすように土を落としていく。根洗いとは違うので、土はできるだけつけておく。（P.49参照）

　スイート・アリッサムはギャザリングによく使うが、根の取り扱いは要注意。冬場はさほど問題がないが、暖かい時期にはしおれる場合があるので、イベリスなど別なものを使う場合もある。このほか、アジサイ、シクラメン、ポインセチアなど注意が必要なものがある。バラ、コスモス、トウガラシ、フランネルフラワー、エリカ、カルーナ、ナデシコ、スキミアといった種類も品種や季節で取り扱いを変えるという人が多い。一般には秋から春にかけては根傷みが少ないようだ。例えば、クリスマスローズのニゲル種の場合、シーズンの11月から3月までは土をほとんど落としても大丈夫なほどだが、4月から10月は株自体が溶けることもある。ギャザリング後は4月までに解体して鉢や庭に植え替えると良い。アジアンタムは土を残す根洗い法を推奨する。

根のタイプは大きく分けて2つ（右図）。Aのような「直根性」の植物や球根類は根が再生しにくいので取り扱い注意

A 主根・側根タイプ　　B ひげ根タイプ
根傷みに注意！

根鉢を小さくするプロセス

> **ここがポイント！**
>
> ◎ 根鉢の土の水分加減を知ろう。作業前に乾かしすぎず、濡れすぎていない状態にできれば、根を傷めず簡単に土を落とせる。
>
> ◎ 根を傷めないほうが良いものは、ポリポットの扱いを軽く丁寧に。苗はすっと抜くが、抜けないときは、ポットをハサミで切り取る。
>
> ◎ 土の落とし方はP.49を参照。

挿し木の根、宿根草の芽の位置を見ながら、分けられるものは細かく分けていく。株分けは必ず根鉢の方から切り込みを入れて上のほうに開いていく。

3本に挿し木をしたシロタエギク。根が底までまわっているので最初にルートバンドを取る。「肩」の土を落とし、外周部の土をひと回りつかんで取り除く。根の部分に指で切れ目をつくりながら3つの株に取り分けた。

シクラメンのような球根植物は株が蒸れないように球根より下にミズゴケをあてていく。

> **ここがポイント！**
>
> ◎ 根鉢の扱いに気をつけたい植物
>   スイート・アリッサム、アジサイ、ポインセチア、シクラメンなど
>
> ◎ 丈夫なもの
>   ビオラ、ペチュニア、プリムラ、ハボタン、観葉植物、葉ものの多く
>
> ◎ 根鉢にたくさん触れていこう
>
> ◎ 根鉢に触れることは植物に触れること
>
> ◎ 失敗を恐れずに。経験に基づく知識が増える

根鉢を崩しても良いのか

　ギャザリングでは、どんどん根に触れていこうと主張している。一般的に根鉢を崩すのは植物の生育にダメージを与えるとされ、確かに根傷みから実際にしおれることがある。しかし、何千何百という実際の取り組みでテストし、また制作するなかでノウハウが蓄積し、いまでは失敗することがほとんどなくなった。

　植物は根鉢が崩されたことを知り、賢く対応しているのかもしれない。植物たちは人間と異なり、20以上の感覚で世界を知覚し、環境に適応しているという説もある。イネの研究では、田植えの際に、根が切れることで新しい根の発生が促され、その後の活着からの生育が直植えのものよりよくなるという事例もある。ギャザリングは、根鉢を崩し花束にすることで、一時的に生長を抑制しデザインを長く維持する効果があると考えている。根が活着すると植え込んだ植物全体が同期して競い合うように生長するように見える。

植物の持っている潜在的な力を信じること

　植物の根は水分や養分を取り込む働きと、体を固定し支える働きをしている。土壌によって異なるが、一般的に植物に必要な水分は地下深くに豊富にあり、逆に栄養となる物質は地表に近いところにある。根の種類には、主根・側根タイプとひげ根タイプがあって、養水分の環境に適応しながら複雑に進化していまの姿になってきたのだという。植物の水分や養分の吸収量は根の量に比例する。根毛という細かな細胞の表面から吸収しているので、「表面積」が重要になる。太さより細かい根の分枝や長さが大事だ。

　植物は長い時間をかけて進化し、「もしも」の危機に備えて何があっても生き残れる仕組みを持っている。だから、昆虫や動物に一部を食べられたり、一時的に水に浸かったりしても絶滅することなく生き抜いてきた。植物にはそんな力強いところがある。ギャザリングで大きく根を取り去る、株を切り分けるといったことを行えるのは、植物の持っている力を信じられるからだ。根鉢を安心して崩せるのは、良い苗に限る。良い苗というのは、ポットの中でしっかりと根が張って「根鉢」になっている。これは、生産者の技術と日々の努力のおかげでもある。ギャザリングでは必ず新鮮な良い苗を使うのは、根の量＝水分・養分を吸収する細胞膜の表面積が多いものを使うことを意味しており、それだからこそ根鉢に手を入れていけるのだ。

「株分け」は根から先に分ける

株分けをするときは、必ず「根先から分ける」ようにすると良い。根の分ける部分に親指の爪を使い少しずつ切れ込みを入れて根を半分に分け、そこから株の上部に開いていく。株の根元を持って裂くようにすると根が切れ、茎が縦に割けてしまう。

TIPS
豆知識

土の落とし方 10 の方法

根鉢から土を減らしてサイズを小さくする方法を 10 通りにまとめた。切り花の水揚げのように、植物や季節によってさまざまな方法が行われている。ギャザリングで水を使って根鉢についた土を減らすのは、根を傷めたくない場合以外はほとんどないが、ルーティブーケの場合はきれいに土をすべて洗い落としてインドアでのさまざまなイベントや用途に対応している。

1 2寸苗はそのまま使える

2 土を軽く落とす

3 にぎり法

4 ルートバンドを取る

5 クラッチ法「肩を」取る

クラッチ法「外周部」を取る

6 桂むき法

7 4本指法

8 親指法

9 水で軽くすすぐ

10 完全に洗い落とす

根鉢を小さくする際にいちばん大事なのはスピードだ。とにかく手早く行うこと。4〜8のような方法で一気に行うことが多い。良い苗なら、大胆な方法でも根傷みが少なく活着がいい。1〜3、9は、根の量が少ないときや根をあまり傷めたくない場合に用いる。1の2寸苗のようにもともと小さくつくってもらったものはそのまま使える。2は、土を乾かし気味にして軽くほぐすようにするだけ。土質にもよるが簡単に土が落とせる場合がある。ルーティブーケは、清潔さを第一としてつくるため、土は完全に洗い落とす。「ギャザリングは、根洗いで土を全部取る」というようなことはなく、植物や季節によってさまざまな方法を使っている。植物に直接触れていく、ギャザリングの最も重要で楽しい部分でもある。一年を通じて、何度も繰り返し経験して、自分で体得してほしい。

小さな花束ユニットをつくる

ギャザリングを作るうえでの最小単位

　ギャザリングの基本ユニットである「小さな花束」は、さまざまな作品に構成し展開できる。器にたくさんの種類の植物を入れるためには、根鉢を小さくする必要があるが、そうすると植物単体では体を支えられず、植えるのも大変になる。「小さな花束」は、互いに支え合いひとつになることで問題を解決している。小さな花束は単に合わせるだけでなく「まったく新しい花を創造する」ような気持ちで組んでいきたい。まずは花もの1種類と、2〜3種類の葉ものの基本的な組み合わせからはじめてみよう。

　重要な要素は以下の通りだ。◎植物の背の高さ、ボリュームを見て合わせる。◎器のどの部分に使うのかをイメージして組む。◎隣合う植物の花や葉を編むように整える。◎花や実が良く見えるように葉を整理する。◎ミズゴケは植物を添えるたびにつけて保水する。

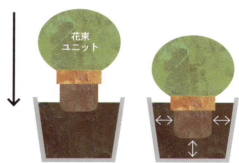

鉢花を切り花のように挿していく

花束が用土にインサートされると、器と用土で圧力がかかり、根と用土が密着し、根の活着に良い効果がある。

花もの、葉ものの組合せを選ぶ ▶ 植物の根鉢を小さくする ▶ 根元にミズゴケを巻いて保水 ▶ 花ものに葉ものを合わせて保水 ▶ ギャザリング・モスで巻き留める

花もの、葉ものの組合せを選ぶ

まとまりのある作品にするための基本は花ものを決めて、それに2〜3種類の葉ものを合わせること。植物の背の高さやボリュームをよく見る。

植物の根鉢を小さくする

葉ものは株分けできるものは、小さく分けて使う。分けられないものは、根鉢を崩しゆるめておく。枝先を絡ませながら編み込むようにアレンジする。

根元にミズゴケを巻いて保水

根鉢から土を取った後、ミズゴケで保水するのがポイント。保水と同時に切り花の水揚げのような効果がある。ミズゴケは土を隠すための単なるマルチング素材ではない。

花ものに葉ものを合わせて保水

器に入れることを考え、手の中で高さや花の向きを微調整しながら合わせていく。束ねるときもひとつひとつの根元がミズゴケでカバーされている状態をつくる。隣り合った植物の花や葉を編むように整える。

ギャザリング・モスで巻き留める

それぞれのパーツの根元を巻くミズゴケは繊維が長いものを使う。それが天然の結び紐となる。小さなものではミズゴケだけでいいが、大きなサイズになると束ねきれないので、ギャザリング・モスを利用する。

ギャザリング・レッスン

さあ、実際にさまざまなスタイルの
ギャザリングをつくってみよう。

ワンユニット・ギャザリング

最小単位の1ユニットだけでつくる作品

ここでは、最小単位である花束ユニットのつくり方を詳しく紹介。ギャザリングの入門編だが、ユニットのつくり方によってはとても緻密でナチュラルな作品に仕上げることもできる。予算もそれほど多くかからず、ちょっとしたプレゼントなどにもおすすめ。制作で使い残した花や葉でつくるのも楽しい。

使用ユニット ×1

【 使用花材 】

キンギョソウ、ビオラ、アリッサム、プラティーナ、ウエストリンギア

株を分ける方法

株は、分けられる苗と分けられない苗がある。まず、苗の株元をよく見てみよう。株元が1本になっているものは分けられないが、左の写真のように、2本以上あるものは分けられる。その際、右の写真のように根を2つに割るようにして土の部分から分けていくのがポイント。茎から開くと根元が取れたり、根が切れるなど失敗につながりやすい。（P.48参照）

ビオラの根鉢の崩し方

白い根が根鉢全体によくまわった元気な苗を用意する。土があまり乾きすぎていても、濡れていても扱いにくいので、使用前日までに水やりを終えておく。土は、根鉢の中心部分を残して、「肩」の部分の土を大きく取る。中心のつけ根部分ができるだけ小さくなるようにするのがポイント。そこにミズゴケを巻く。細いほうが束ねるときに、ふんわりとつくりやすい。パンジーやビオラの場合、根鉢を多めに取り去っても大丈夫。元の大きさの3分の1ほどの大きさにする。

材料の株分け例

このウエストリンギアは3つに分けることができた。

アリッサムは取り扱い注意。根鉢をできるだけ崩さないようにする。株分けもせず、この状態でほかの植物を絡み合わせるようにアレンジする。

このプラティーナはギャザリング用に仕立てられたもので6つに分けられた。

キンギョソウも株分けできないので、黄色くなった下葉を取るなどして調整する。

※生産者によって植え方が異なるので、同じ植物でも分けられる数は変わる。

ワンユニット・ギャザリング

花束ユニットをつくる

それぞれ植物を株分けしたパーツが準備できたら、花束にしてユニットをつくる。ミズゴケ（写真下左）は、それぞれの植物の保水と同時に接着剤となり、また結束紐にもなる。繊維が短いものしかない場合は、ギャザリング・モス（化学繊維の毛糸／写真右下）も併用する。いずれも水をたっぷり含ませて使うのがポイント。ギャザリング・モスは、株に1〜2周まわすだけでも留まるので、上の写真のように大きめのユニットをつくる場合は、途中で巻き留めていくと手が疲れにくく楽になる。

1
キンギョソウの下葉は良く取っておく、夏場は特に蒸れやすくなるので多めに取る。ミズゴケはよく濡れた状態で株元に巻く。

2
ミズゴケで巻くと与えた水を保ち乾燥も防ぐ。その上にプラティーナの細めのものを重ね当てるように合わせる。

3
合わせたら再度ミズゴケを巻く。植物→ミズゴケ→植物→ミズゴケの手順でこれを最後まで繰り返す。

4
背が高く直立するタイプのキンギョソウのまわりに、囲むようにこんもりと茂るタイプのビオラを3株合わせていく。

5〜6
プラティーナとウエストリンギアを全体にやわらかくなじませ一体化して見せる。

7
途中で持ち手が太くなって支えにくくなってきたら、ギャザリング・モス（化学繊維の毛糸）で1〜2周巻き留めると扱いやすくなる。

8〜10
理想のユニットの大きさになるまで繰り返す。

ワンユニット・ギャザリング

インサート（挿花）法

11〜12
中心にキンギョソウが1ポット、そのまわりに3株のビオラを配する構成。株を合わせるたびにミズゴケを当てるようにつけていく。

13
花の向きに注意して動かす。四方見でどこからでもビオラの顔が見えるようにする。手に持ったまま動かせるのがギャザリングの利点。丁寧に動かして調整する。

14
外側に這うように広がるタイプのアリッサムを3株入れていく。合わせた後、ほかの花の間に花を入れるなどしてなじませていく。

15 16
外側一周に白い小花をバランス良く入れる。

17
ワンユニット・ギャザリングは、ひとつで鉢に入れていくので通常のユニットより大きめのユニットサイズになる。

18〜19
まず完成したら、植え込む。ユニットの根鉢は、器に対してちょうど良い大きさか確認する。小さすぎる場合は素材を足す。ワンユニットで器に植える際に、用土（ベラボン）は器の縁よりも少しだけ凹みがあるくらいに減らしておくと、植え込んだときに反発が少ない。

植え込む方法

20〜21
しっかりと差し込んでいく。両手の甲を内側に返すような感じで、腕全体で差し込むと力が入りやすい。

22
株間に指を入れて色をなじませるような気持ちで仕上げる。鉢を回しながら外側全体にベラボンかミズゴケをしっかりと足して、ユニットが動かないようにする。水やりも鉢底から水が流れ出し全体に水分が十分に行き渡るように。ベラボンの場合は、水を吸って容積が膨らむので、よりしっかりと固定される。

リース・ギャザリング

シンプルな形に細やかな表現が楽しめるギャザリングの入門編

35cmリースは9ユニットで45cmリースは12ユニットでできる。しっかりユニットを植え込み、完成後、逆さにして花材がしっかり入り、固定されているかをテストする「リバースチェック」をすることが重要。乾燥しやすいので水やりはしっかり行う。ときどき回転させて生長の向きを整えると同時に、水分が全体によく行き渡るようにする。

【 使用花材 】

クローバー各種、ポリゴナム、コプロスマ、ワイヤープランツ斑入り（スポットライト）、ハゴロモジャスミン

【 使用花材 】

ペチュニア（ティーナ ジャジーベリー）、ロータス（コットンキャンディ）、ワイヤープランツ斑入り（スポットライト）、シルバータイム、ヘデラ、ゴールデンタイム

リース・ギャザリング

リースをつくろう ①
パンジーとシロタエギクのリース（35cmリース）

使用ユニット ×9

【　使用花材　】

パンジー×5、シクラメン×3、シロタエギク×3、ペルネチア×3、ハツユキカズラ×3、ウエストリンギア×3というように、メインの花と葉ものを3を基本に用意しておき、リース全体に入るように余裕をもって苗を用意する。

【　3種類のユニットをつくっておく　】

写真左から、シロタエギクとペルネチアのユニット、シクラメンとウエストリンギアのユニット、パンジーとハツユキカズラのユニットの3種類

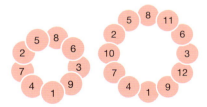

大きさとユニット数の目安
35cm リースバスケット：9ユニット
45cm リースバスケット：12ユニット

1
リースバスケットに培養土を入れた状態ではじめる。培養土はバスケットの縁よりやや少なめにしたほうが、この後植物が入れやすい。

2～10
シロタエギクと実もの（ペルネチア）のユニットをバランス良く配置し、これを目安に、シクラメン、パンジーのユニットを三角形になるよう差し入れる。すべてのユニットが真上を向くのではなく、外側や内側にわずかに傾けて向きを整えると全体に自然な動きが出てくる。

リース・ギャザリング

リースは壁にかけるのが基本だが、平置きにして、テーブルアレンジやキャンドルと合わせる飾り方もできる。

株間にサイドから花材を足していく

大きめのユニットをひと通り9つ入れたところ。サイドに小さめのユニットを入れ奥行きやボリューム、動きを出していく。

11
35cmリースは9ユニット、45cmリースは12ユニットを目安に全体をカバーするようなイメージで花束ユニットを準備する。花束植えの方法だと手の中で作業ができるので、緻密な表現が可能だ。

12〜13
ここに花があると良い、ここに葉があれば丸く見えるなどといった微調整は、小さな株にミズゴケを巻いて差し入れていくようにする。リースは内側に入れすぎると環に見えなくなるので様子を見ながら入れよう。

14〜15
すべてのパーツを入れ終わったら、それぞれをなじませるように手を入れる。つるものは流れを意識してからませると良い。株間とリースバスケットの間にしっかりとミズゴケを厚めに入れて保水と固定を行う。最後に逆さにしてリバースチェック。(P.67参照)

リースをつくろう ②

トウガラシと葉もののリース

【 使用花材 】

観賞用トウガラシ、ハゴロモジャスミン（ライム）、ゴシキヅタ、アルテルナンテラ（マーブルクイーン）、トラディスカンティア、ヘミグラフィス

【 3種類のユニットをつくっておく 】

花ものを使わず実と葉もので構成。ジャスミンのライムカラーが全体に入る。

リース・ギャザリング

1〜2
ギャザリングは、切り花のアレンジのように用土に対してユニットを挿し入れていくのが特徴。
株元をしっかりと持って用土に差し込むようにする。写真では、位置が分かりやすいようにバスケットを動かさずに撮影しているが、実際は、植え込む場所を自分の正面に回してしっかりと植え込むと良い。

3
リースは、すべての花がまっすぐに上に向いていると動きが感じられなくなるので、ユニットをつくるときに、花や葉がいろいろな方向に向くように留意したい。

4〜11
隣のユニットとなじませるように、葉を上手に組むように植え込んでいく。

リバースチェック

株を差し込むことで根は培養土に密着する。培養土にヤシガラチップ（ベラボン）を使うと水を吸うことで膨らむのでさらにきっちりと固定される。リバースチェックはこの固定具合を確かめるためのテスト。全体を両手で持ち上げて逆さにする。この段階で株が動くようなら手直しをする。

12〜16
ミズゴケを厚めに取って、株間と器との間に詰める。しっかり固定されると、逆さにしても動かなくなる。花材のバランスを見て、隙間があればツルや葉でデザイン調整して完成。

> **ここがポイント！**
>
> ◉ 花束植えの方法でつくるリースは、植えつけた段階で逆さにできるほど器に固定されるので、壁に掛けられる状態になっている。配送するときも崩れにくく都合が良い。
>
> ◉ リースは下面から乾燥しやすいので、注意して、水切れさせないようにする。
>
> ◉ リース・スタンドなどに掛ける場合は、下の方に水分がたまり、上部が乾燥しやすいのでときどきまわすと良い。まわすと生長の方向も変えられるので、全体のバランスが良くなる。

フラワーポット・ギャザリング
［ナチュラルスタイル］

植物の自然な姿を生かして、ふんわりした作風に

ナチュラルスタイルは、背の高い植物と低い植物などをひとつの器に合わせる。それぞれの個性を生かして配置し、自然でふんわりとした作風が楽しめ、植物の自然な姿をそのまま見せることができる。ここでは取り組みやすい、小さめのポットを使った作品をつくってみよう。

ギャザリングは「四方見、オールラウンド」につくっていくのを基本とするが、小さな作品や建物の壁を背にするような場所では、センターを後ろにずらした「一方見、ワンサイド」の作品が適している。真ん中からやや後方に背の高い植物を入れ、周りに小さなサイズのユニットを少しずつ足して、調子を見ながらつくってみよう。

フラワーポット・ギャザリング　ナチュラルスタイル

ナチュラルスタイルの植え方

用意した10ユニット。中心に背の高いオルレアの花束、まわりにペチュニア、さらに小さな花束に分けてある。これらがすべて直径20cmのひとつのポットに入る。ユニットをつくるときは、メインボリュームの花を決めて、それをどこに入れるかイメージし、組んだときのバランスを見ながら調整する。器に入れたら葉の組み合わせを調整し仕上げる。物足りない部分は、小分けにした単品もミズゴケを巻いてから入れる。

【 器・用土 】

綱木紋縁付小型ポット
ベラボンを縁いっぱいまで入れておく。鉢底ネットのみで鉢底石は使わない。
直径約20cm

【 使用花材 】

ペチュニア（ヨコハマモーニンググロウ）、ペチュニア（アンティーク）、オルレア（ピエリスホワイト）、コロキア・コトネアステル、斑入りカラミンサ、ペペロミア、クローバー、プレクトランサス（シルバークレスト）、ミニペチュニア・ミニチュニア（ラベンダーベイン）、ウンナンオウバイ（イエローバタフライ）、斑入りフォックスリータイム

花束ユニットのつくり方

1

花束ユニットのつくり方から見ていこう。ここでは、最初に花材の土を落として束ねやすくしているが、慣れてきたら、葉ものなど強い素材だけ先に土を取っておいて、花ものはしおれないように植えつける直前に土を落として束ね、ユニットをつくりながら植えるような手順で行うと良い。

2〜3

まず背の高いオルレアの根元にミズゴケを巻いて保水する。

4〜5

コロキア・コトネアステルと、斑入りカラミンサを合わせる。

6

次にさらにオルレア、カラミンサを足していくが、カラミンサは株分けして4つにし、別々に位置を変えて足していく。それぞれにミズゴケを巻いている。ミズゴケを巻くときには下葉を少し取っておく。束ねながらミズゴケを当てるようにしても良い。

7〜8

スパイラル（らせん）状に株を傾けながら加え、高さや位置を微調整する。

9

ギャザリング・モス（化学繊維の毛糸）で軽く巻き留める。

10

上記と同様の方法でペチュニアのユニットをつくる。

11〜12

ミニペチュニアのユニットではクローバーと合わせて、互いの葉を組み合わせるようにしてなじませている。複数の植物を組み合わせて、新しい花をつくるような気持ちで楽しもう。

フラワーポット・ギャザリング　ナチュラルスタイル

植え込み方　最初に用土（ベラボン）を入れたところに、前頁で作った花束ユニットを入れていく。この手法だと後から土を足したり、棒でつつく必要がない。まるでフラワーアレンジメントで吸水性スポンジに花を挿していくのと似ている。この作品のようにナチュラルスタイルでは、中央に背の高い花束ユニットを入れる（ここでは、わずかに後方にずらした場所に入れた）。腕を伸ばし気味にして体重を乗せて挿し込んでいくのがポイント。ベラボンの反発が強いと感じるなら少しだけ凹みをつくってから挿す。

植え込み終わり　ひと通り植え終わったら、鉢を回しながら器のサイドにしっかりとミズゴケ（またはベラボン）を入れていく。保水効果、ウォータースペースとなるとともに、すべてのユニットを固定する。最後にたっぷりと水を与える。ベラボンは水を含むと膨らむので、ユニットはすべてしっかりと保持される。

ナチュラル植えはセンターから

外周から植え、最後に中央に差し入れて固定する「マウント技法」と同じように植えていく方法もあるが、ここでは上に伸びる背の高いユニットがあるので、センターから植えていくナチュラルスタイルの方法でつくっている。空気を含んだやわらかな感じが出せたら成功だ。

ナチュラルスタイルの方法

1〜3
いちばん背の高いオルレアのユニットを後方に挿したら、次にこんもりと大きくなるペチュニアとウンナンオウバイのユニットを左右に配置。

4
正面にプレクトランサスとクローバーのユニットを低く入れた。

5〜6
隙間が空いているところにカラミンサやペペロミアを少しずつバランスを見ながら入れる。

7
外周にミズゴケを入れて完成。おだやかな印象のアンティークカラーが、夏の夕暮れのちょっと涼しげな風情を演出している。

フラワーポット・ギャザリング ［マウントスタイル］

植物でつくる石垣

マウントスタイルの特徴は、その建築的な「組積構造」。植物でつくるアーチやドームといったイメージだ。背の低い植物をこんもりと盛ってボリューム感のある作品にできる。花苗は一年中出まわっているが、秋から翌年の春にかけて出まわる比較的背の低い一年生植物を使って、マウントで制作すると見違えるようなデザインになる。切り花でつくるラウンド型のアレンジメントと同じような形につくれるため、長期間楽しめるフラワーギフトとしても人気のスタイルだ。

マウントスタイル構造のふかん図

1

2

3

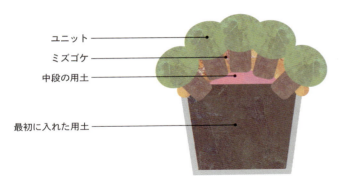

マウントスタイル構造の断面図

（ユニット／ミズゴケ／中段の用土／最初に入れた用土）

1 花束ユニットを一周植え終わったら、ミズゴケを入れて用土を入れる土手をつくる。

2 レンガ造りの壁で例えると、ユニットがレンガ、ミズゴケはセメントの役割をするのでしっかりと間に詰めていく。

3 ミズゴケは吸水と乾燥を繰り返し、根の生育を助ける役割も果たす。

ここがポイント！

- **マウント**は、レンガを積み上げてつくる「組積造」を植物で実現している。植えるというより、積み上げていく感覚で捉えると良い。ミズゴケは「セメント」の役割をしている。

フラワーポット・ギャザリング　マウントスタイル

マウントをつくろう ①

自然型（マウント3段）

マウントは、背の低い苗を使う場合が多いが、背の高いタイプの苗を使うと、ナチュラルでボリュームのある作品をつくれる。

ユニットのつくり方

1

2

3

×20

1　カクトラノオと葉ものの組み合せ。

2〜3　トラノオとモミジなどの組み合せでは、高いものを中央部に入れる。

〖 使用花材 〗

イロハモミジ、カクトラノオ（フィソステギア）、トウテイラン（ベロニカ・オルナータ）、センニチコウ（白）、アルテルナンテラ（マーブルクイーン）、テマリソウ、観賞用トウガラシ、オレガノ、ヘミグラフィス、ベアグラス

〖 中心となる3種類のユニット 〗

葉もの、実もの、背の高いものという組合せで和のテイストの入ったナチュラルな印象の作品に仕上げる。

1
手つきの綱木紋花器にベラボンを縁まで入れておく。

2
ユニットをひとつひとつ植え込んでいく。写真では分かりやすいように見せているが、実際は、植えつける場所を正面に向けてしっかりと差し込んでいく。

3〜4
バランスを見ながら三角形に入れていくのが基本。

5〜6
最下段は、外に向かって広がるように向きを考えながら入れていく。

ここがポイント！

- ユニットのサイズは大きくも小さくもできる。材料によって臨機応変に。ユニットの分量＝器全体をカバーする量なので、ユニットが大きければ数は少なく、小さければ数多く用意する必要がある。大きめのものでスペースを埋めていき、細部に小さなものを足すと手早くつくれる。

フラワーポット・ギャザリング　マウント・スタイル

7〜9
花束ユニットは、花材に合わせて比較的小さな株になっている。わずかに間隔をあけながら、丁寧に配置していく。縁に沿って斜め差し入れる。

10
濡れたミズゴケを厚めに手に取って、ユニットの株間に詰める。

11〜12
しっかり株間にミズゴケを詰め、ユニットが動かないように固定する。

13〜14
1段目に12ユニット、2段目に6ユニットを入れる。ミズゴケで土手をつくり培養土（ベラボン）を入れ2段目に備える。

> **ここがポイント！**
>
> ◎マウントは植物でつくる石垣のような構造になっている。花束ユニットの根鉢のかたまりが、石垣の石やレンガ壁のレンガの代わりになり、ミズゴケが間をつなぐ役割になっている。ユニットの間にたっぷりと入れるミズゴケは、植えつけた直後から植物の保水にも役立つ。時間が経つと乾燥と吸水を繰り返し、植物の生長を助ける。

ミズゴケは、古くから植物の栽培に使われる天然資材。吸水性、保水性、通気性に富む。植え込み直後の保水、初期の活着が重要なギャザリングにはなくてはならない資材。根鉢を崩した素材の株元、束ねるとき、またユニットを培地に差し入れた際に隣り合った株の間に詰めるなど多様な使いみちがある。

フラワーポット・ギャザリング　マウントスタイル

15 〜 16
1段目を植え終わった後で、ミズゴケとベラボンを入れていく。

17 〜 22
2段目の6ユニットを入れた様子。

23
3段目、中央頂部に最後のキー・ユニットをおさめてミズゴケをしっかりと詰める。上に伸びる背の高い植物が上部に入ることでボリュームが出て、ふんわりとナチュラルな印象が強められる。

24 〜 25
すべてのユニットを入れ終わったら、仕上げに、サイドからミズゴケを詰める。保水とともに水差し用の空間になる。最後に、葉と花がきれいに見えるように、葉を組み合わせ、編み込むように動かして整える。

マウントをつくろう ②
ラウンド型（マウント5段）

使用ユニット ×30

装飾的な大型のポットに、ビオラでブルーの濃淡をつけ、高さのある5段マウントのラウンド型作品に仕上げる。

〖 器 〗

口径約50cm、高さ約25cm
装飾的なアウトラインがおもしろい器。器の特徴を生かして植え込む。通常このサイズなら15ユニットを使うが、縁に凹凸があるので凹みに合わせて大きめのユニットにつくって、6ユニットから積み上げていく。

〖 3種類のユニット 〗

3種類のユニットは、すべてにビオラを使っているが、少しずつ色の調子を変えている。詳細は下記。

ユニット1
最下段に配置。安定感のある濃い紫のビオラに、アリッサム、シロタエギク、コプロスマを合わせ、ワイヤープランツをわずかに入れてやわらかい雰囲気にしている。

ユニット2
1より薄い色のビオラに、アリッサム、プラティーナを合わせて、ユニット1に対してグラデーションをつけた。

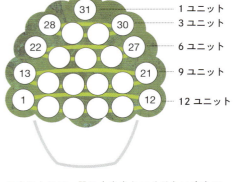

ユニット3
頂点のキー・ユニット(アーチの要石の役割をするユニット)。最後に入る。2よりもさらに薄く明るい色のビオラにプラティーナを合わせて、グラデーションをつけた。

マウントでは、器の大きさとつくりたい高さによって必要なユニット数が決まる。下に配するユニットの数から、上に行くに従って3つずつ減らして考えると良い。5段マウントを想定すると、器の縁の最下段から上に向かって、15、12、9、6、3、1(合計46ユニット使用)というイメージだ。この作例では、装飾的なラインの器なので、これを生かすために最下段凹部に6ユニット、大きめの株を配し調整した。

＊大小約30ユニット、使用したポット数はちょうど100ポット。
＊作例では、すべてのユニットを先に制作してから植え込んでいるが、根鉢を崩した状態で長時間置くと弱ってしまうものもあるので、葉ものだけを調整しておいて、花ものはその都度、根鉢を崩しながらミズゴケで合わせユニットをつくりながら植え込んでいく方法もある。

フラワーポット・ギャザリング　マウントスタイル

1

2

3

1
器にベラボンを入れる。縁まで入れるのが基本。通常は器は回転台の上に載せ、正面から花束ユニットを植え込んでいく。
※ここでは、入れる位置が分かりやすいように器をまわさずに見せている。

2
前ページのユニット1を正面から植えていく。シルバーリーフのシロタエギクが器の外に来るように配置。
※この器は縁に装飾があるので、これを生かして凹みのある場所（6ヵ所）にユニットを配置した。つまり、6つのユニットで外周をぐるりとカバーする必要がある。そのため、大きめの花束に調整してつくっている。最初からサイズをうまくつくれない場合は、植え込みながら足りないところに小さめのユニットを入れると良い。

3
最下段は外に出るように株を傾けて、ベラボン用土に両手でしっかりと差し込む。青紫、シルバーグレーの寒色系とは反対色のコプロスマ、斑入リワイヤープランツの色が呼応する。シロタエギクやヒューケラの丸い大きめの葉が、外にボリュームを持って広がり花の色を受ける背景になる。

4

4〜6
1段目は、ベラボンにしっかりと植える。下の段を一周植え終わったら、2段目に移る前に株と株の間に厚めにミズゴケを入れていく。

7
株間にミズゴケを詰めるのは石垣を積むときに小石を詰めてしっかりと固定するのと同じ。ミズゴケの水分を絞りきらずに軽く握った程度の状態で詰めていくこと。

5

6

7 土手をつくる

フラワーポット・ギャザリング　マウントスタイル

5段マウントのユニット配置図。1段目を入れ終わったら土手をつくり、用土を入れる。

土手をつくる

8
株間にミズゴケを詰め終わったら、2段目を植え込むために用土を入れ「土手」をつくる。ミズゴケを厚めに取って軽く握り載せていく感じで。

9
ミズゴケは細長く整形し植え込む場所の外周に積む。

10
1段目の株が隠れるような高さに土手ができたら、ベラボンを入れる。

11
ベラボンは土手の縁いっぱいまで入れておく。ここに12ユニットが入るとは思えないかもしれないが、実際にちょうど良く花が入っていく。

12
横から見た姿。かなり高い位置まで花が入ることを想定したアウトラインになっている。3段で終わらせるならば、もう少しなだらかになり、器に対して植物のボリュームは少なめでモダンな感じになるだろう。

13
2段目を植え始めたところ。植え込むというよりも、ユニットを横に置いているように見える。マウント技法が石垣やレンガを積むのと同じ構造体であることが分かる。完成すると横からの力にも耐える強い構造になっている。

14〜15
ユニットを入れながら花の向きや位置を調整している。ユニットどうしを少しずつ動かし、花や葉を動かして上下、隣をなじませている。こうしてユニットは互いに結びついて一体となっていく。

フラワーポット・ギャザリング　マウントスタイル

2段目から3段目へ

16
2段目の9ユニットが配置終了。1段目と同様に株の間にミズゴケを詰めて固定する。

17
ユニットの株間をミズゴケで固定し終わったら8〜9と同じようにミズゴケで「土手」を築く。

18
土手の縁までベラボンを入れていく。

ここがポイント！

◎ きれいなアウトラインを完成させよう。

[19] この小さなスペースにさらに次の3段目、6ユニットが入る。

[20]～[21] 3段目の6ユニットを入れる。株間は狭くなり、全体がかなり上を向いている様子がわかる。

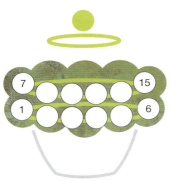

※器が変則的な形なので、1段目が6になっている。本来なら12ユニットは入りそうな大きさ。通常ならば1段目12、2段目9ユニットになる。

[19]

[20]

[21]

フラワーポット・ギャザリング　マウントスタイル

22

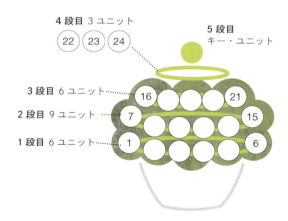

口の大きな通常の鉢ならば、1段目は本来12ユニットになるが、今回は特殊な形状の器のため、器の6つの凹みに合わせて6ユニットとなった。

22
3段目が植え終わったら、株間をミズゴケで固定し、土手をつくる。縁までベラボンを入れたら、4段目、3つのユニットをおさめる。

23
3段目の6ユニットと同じように、株の大きさを調整して小さくしている。こうすることで、凹凸の少ないきれいなラウンド型にできる。ユニットをつくるときに、株分けした素材の大きさによって使う場所をイメージしながらつくると良い。最初はうまくいかなくても、数多くつくることで理解できる。

24 〜 25

4段目が植え終わったら、いよいよ最後のキー・ユニットを植えつけて終わる。ミズゴケで土手をつくるところまでは、これまでと同じだが、最後の用土を入れるときは、縁いっぱいまで入れると植えにくいので、少なめに入れる。一度多めに入れておいて、手ですくい出しても良い。
ポイントは、最後のキー・ユニットは、根株のサイズと植え穴ができるだけピッタリとなるように調整すること。植え終わったときにしっかりと全体を支えるようにミズゴケを詰める。

26 〜 27

キー・ユニットを入れて完成。最初にイメージしたとおりのボリュームと丸さが表現できた。

> **ここがポイント！**
>
> ◎ ユニットは背の高さが同じくらいのものが使いやすくラウンドの形につくりやすい。
>
> ◎ 最初にどのくらいの高さまで盛るのかを決め、完成までに必要なユニットの数を出す。
>
> ◎ 下から15、12、9、6、3、1、というように3を基本に構想する。
>
> ◎ ユニットのサイズは大きくも小さくもつくれる。小さいユニットばかりでは制作に時間がかかる。下を大きめに、上を小さめにしてつくりながら調整していく。
>
> ◎ マウントは、植物を植えるという概念とは全く異なる方法で、植物自体を石垣やアーチのような構造体とした生長する建築物を目指す。
>
> ◎ 2段目から上は、植えるというよりも積み上げていくようにしっかりと構築すること。
>
> ◎ ミズゴケは、建築で例えると接着剤やセメントの働きをするので、下から隙間のないように株を押さえていくこと。

ルーティブーケ

多様なスタイルと利用シーンの拡大が期待される日持ちの良い「生きていくブーケ」

ルーティブーケは、根つきの植物でつくるブーケ。根についた土は水で洗い流し、きれいに取り去るのが基本で、切り花のブーケと違って、日持ちが良く長く楽しめる。装飾を終えて、パーツに分けて土に植え戻すことも可能で、未来へとつながる「生きていくブーケ」は婚礼や祝いごとなどで力を発揮する。

切り花でつくれる、さまざまなスタイルを根つきの植物でも可能にしたのがポイントだ。ブーケからスワッグ、ガーランドといった展開もできる。

飾るときは花器やブーケスタンドを使用するが、オリジナルフレームや構造物とも合わせられる。日持ちの良いルーティブーケならではの装飾が今後バリエーションを見せていくだろう。

サンゴミズキの枝でつくったフレームを利用したルーティブーケ。

高さのあるフレームにブーケを取りつけてステージに飾る大型の装飾に用いた。

いくつものブーケをオリジナルスタンドに配置した装飾。

〖 使用花材 〗

アンスリウム、グズマニア、キキョウラン、クロトン、ホヤ、ユーカリ、シュガーバイン、ディフェンバキア、ドラセナ・ゴッドセフィアナ、ステレオスペルマム、エレモフィラ、パールアカシア

ルーティブーケをつくろう
カラーとさまざまなリーフを生かしたブーケ

ルーティブーケは、清潔な取扱いが求められるため、準備の段階で土をきれいに落としてしまう。素材の土を落としながら植物の特徴を良く観察し生かそう。例えば、斑の入った葉を生かすように葉を整理していく。根つきの植物には、切り花品種とは異なる魅力がたくさんあることに気づくだろう。こうした新鮮な気づきがルーティブーケの楽しみのひとつだ。

ルーティブーケを制作するために根を整理した材料

ギャザリング・モス（腐らない化学繊維の毛糸）は水を吸わないが、繊維の間に水を良く蓄える。ルーティブーケではこのギャザリング・モスだけを用いて植物が腐るのをできるだけ抑え、長く楽しめるようにしている。

ここがポイント！

◎ ルーティブーケは清潔な取り扱いが求められるため、準備の段階で土をきれいに落とす。素材の土を落としながら、それぞれの特長を良く観察し、斑入りの葉を色として生かすように意識して葉を整理したい。

ルーティブーケ

《 使用花材 》

カラー、アンスリウム、ホヤ、スパティフィラム（斑入り）、キキョウラン、ペペロミア、スマイラックス

1. 最初に全体の雰囲気をつくるスパティフィラムを手に取る。

2. 花束をつくるときと同じように、軸となる植物に重ねるように花を加える。ここではピンクのカラーを合わせる。

3. 真っ白な葉のスパティフィラムを加える。

4. ペペロミアを入れて柔らかな雰囲気に。

5. 切り花の花束づくりと同様に、それぞれ茎を傾けて添え、高さに注意しながらスパイラル状に組む。

6. ピンク色の葉をしたホヤとツルもので動きのあるスマイラックスを加えて、変化を出す。

7. 白いスパティフィラムの葉をさらに加える。

8. アンスリウムを手元上側に載せるように添えてほぼ完成。ステムの処理に入る。

Column

ルーティブーケをつくる際に特に気をつけるべき「塊茎」の処理方法

カラーやスパティフィラムの根は太い根を少し残して思い切ってカットする。育てるというより切り花のように長く楽しむための処理。

ギャザリング・モスでステムを仕上げて完成。

ルーティブーケの飾り方と管理

花瓶に入れても、専用のブーケスタンドに飾っても。ルーティブーケは切り花よりも日持ちが良いのが特長だが、飾るときはずっと根が水についたままだと腐ってしまうので注意したい。夜だけ水につけ、日中はギャザリング・モスの水分だけで飾るといった工夫をしよう。ルーティブーケはこのまま植え込むこともできるのでガラス器にベラボンで植えても良い。清潔なインテリアグリーンとなる。飾り終えたら、それぞれに分けて処分するもの以外は植え替えて楽しめる。

ステムの巻き上げ方

9
ギャザリング・モスを手元から巻き下ろす。

10
途中で下部の根を上に折って、モスでステム全体を巻いていく。

11
ソフトクリームのコーンのように円錐形になるよう、まず端まで巻き下ろし、次に巻き上げてギャザリング・モスの端を植物に通すなどして留める。ギャザリング・モスは水がついていると糸がくっついて良く留まる。

12
持ち手が太めだが、あまり細く締め込みすぎないほうが植物の良い状態を維持しやすい。植物の背の高さや形などそれぞれの持っている特長を生かして。

和装のための
ルーティブーケ

実際の婚礼で使用された和装のためのルーティブーケ。

《 使用花材 》

シクラメン（白）、ナデシコ、アルテルナンテラ、ハツユキカズラ、トラディスカンティア
（撮影／白久雄一）

ルーティブーケ

ルーティブーケの可能性
フリースタイル & ガーランド

AとBの2つのブーケを制作。単体で利用しても良いし、それらを合わせて大きなクレセントブーケをつくることもできる。

> **ここがポイント！**
> ◎「根のついた切り花」という新しい視点。
> ◎花材・骨組み・構成による新たなデザインの可能性。
> ◎保水・結束を同時に実現するギャザリング・モス（化繊の糸）。

化学繊維のため、素材自体は水を吸わず、繊維の間で水分を保持するギャザリング・モスは、植物の保水と結束の両方の機能を持つ。植物の根を巻きながら植物どうしを次々と束ねていくことで、切り花でつくる「ガーランド」と同じようなスタイルのデザインに仕上げることができる。生花でブーケをつくる際に必要なワイヤーかけや保水処理などは不要。ここでは、そのガーランドをシャワースタイルのブーケとしてつくり、2つ組み合わせて「クレセント（三日月型）」のブーケに仕上げた。

ステムの巻き上げ

最後の巻き上げ部分。色の異なるギャザリング・モスで装飾。

1

4

2

5

3

6

1～4
カリブラコアの鉢を分けられるだけ小さく分けて、切り花にテーピングするようにギャザリング・モスを丁寧に巻いていく。

5～6
少しずつ向きや高さを見ながら花材を加え、次々と巻き足して長くしていく。

〖 使用花材 〗

カリブラコア（ティフォシーダブル ベビーピンク）、ビオラ、アリッサム、エンドウマメ、コンテリクラマゴケ、イチゴ

ガーランドは自由に曲げられるので、テーブルに置く、フレームに取りつけるなどさまざまに装飾できる。

ウォールバスケット

デコラティブなフォルムの壁かけタイプ

使用ユニット ×15

ウォールバスケットは、その名前が表すように壁にかけて楽しむもの。ギャザリングの手法でつくるウォールバスケットは、独特な「まん丸」な形で人目を引く。

一見するととても難しそうだが、花束植えのユニットによる制作のため、実際はとてもシステマチックにつくれ、慣れるとかなりのスピードで制作できる。このサイズの作品では50鉢ほどの苗が必要で、思ったよりも量が入ることに驚くかもしれない。それだけ緻密で繊細なものがつくれるということだ。

器は綱木紋ウォールバスケット（5スリットの標準タイプ）。シンプルな花材を使い、凹凸のない丸い面をつくるタイプの表現は、遠くからでも目を引き、近づいてみると繊細なタッチを楽しめる。外側全体にシロタエギクを配し額縁のような効果を見せている。右は横から見たところ。ウォールバスケットは「一方見」で背面は入れない。植え込んだ後に手前にしっかりと株全体を引き寄せて整え、上部にミズゴケをたっぷりと入れておく。保水とともにウォータースペースとなる。

〚 使用花材 〛

ぞうさんビオラ、シロタエギク、ウエストリンギア、プラティーナ

ウォールバスケット

ウォールバスケット　15ユニット植え込みプロセス

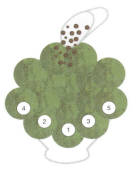
スリットの最下段に①〜⑤ユニットを入れたら用土を入れる。

中段の手前部分。

中段の入れ終わり。

①〜⑤の下段、⑥〜⑩の中段を入れたら用土を入れる。

上段は一番うしろから入れてアウトラインをつくる。

後方の手前左右に2ユニット⑬、⑭を入れる。

最後の⑮ユニットを入れる前に用土を入れる。収まりが良いように少なめに。

上段手前に見えるところがウォールバスケットのキー・ユニット。これを入れて完成。

　ギャザリングは、ユニットで構成する。ユニットの配置で器の全体をカバーするという考え方なので、上の図のように配置場所と入れていく手順は明快だ。ポイントになるのは、ユニットのサイズで、15ユニットでピタリと決まるようになると手早く気持ち良くつくれる。数多くつくってサイズ感になれよう。どのユニットにも同じ花材を少しずつ入れるようにするとバスケットに一体感が出てくる。主張の強い花でフォーカルポイント（作品の焦点）を決めずに、まん丸なフォルム全体で表現するのが基本のスタイル。リースやウォールバスケットのように壁にかけるタイプのものは乾きやすいので、水やりの際は全体に水分が行き渡るようにして、水切れに注意する。

左 〖　使用花材　〗
ハボタン、クリスマスローズ、アイビー（キプロス）、シロタエギク、ソフォラ・ミクロフィア（リトルベイビー）、アリッサム、タイム、フロックス・ディバリカータ、パンジー

ウォールバスケット

ウォールバスケットをつくろう
まん丸フォルムのパープルピンクバスケット

使用ユニット ×15

【 使用花材 】

パンジー、ビオラ、スイート・アリッサム、コプロスマ、ワイヤープランツ（スポットライト）

15ユニットでつくっていく。
40〜50ポットの素材が必要になるという目安で。

正面中央上部の要となる花束。最後に植え込むキー・ユニット。

上部の5ユニット。

下段から外周に植える9ユニット。

今回使うユニットの3つのパターン。メインになる花と葉ものを2〜3種類、細かく合わせる。ここでは、すべてのユニットを事前につくっているが、ユニットをつくりながら植えていっても良い。ポットから長い時間出しておくと、しおれやすい花もあるので、葉ものだけ根ほどきしておいて、できるだけ植え込む直前に花を合わせていく（制作にかかる時間はあらかじめユニットをつくっておいたほうが早い）。

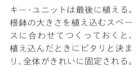

キー・ユニットは最後に植える。根鉢の大きさを植え込むスペースに合わせてつくっておくと、植え込んだときにピタリと決まり、全体がきれいに固定される。

ウォールバスケット

5つのスリットがあるウォールバスケットの下の段から①〜⑤のユニットを入れていく

下の段から①〜⑤のユニットを入れ終わったらミズゴケで土手をつくり用土を入れる。

1
まず器に培養土（ベラボン）を下段の縁まで入れる。

2
中央のスリットからユニットを入れはじめる。

3〜6
横から見てまん丸くなるようにつくるので、花や葉の向きが下に流れるように整える。左右のスリットにもユニットを入れる。

7〜8
培養土を足していちばん両端のスリットにもユニットを入れる。

9
下段の5ユニットを入れた様子。この後中段5、上段4（あるいは3）、正面頂部1と入れていく。

ウォールバスケット

10

12

11

13

14

10〜11
下段と外周を丸く入れ終えたら、ミズゴケを敷いて用土を入れる「土手」をつくる。株元と株の間に入れる。ミズゴケはたっぷりと水を含ませたものを、手のなかで軽く握って棒状に整えて詰めていく。ユニットとユニットの間もミズゴケでしっかりと詰めること。

12〜13
ミズゴケでつくった土手に合わせて、縁いっぱいにベラボン・プレミアムを足す。この上に「積むような感じ」で次のユニットが入っていく。

14
P.109で紹介したたくさんのユニットが入っていく。

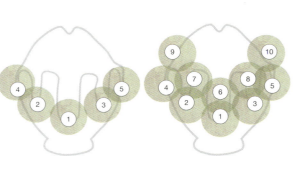

15〜16
中段を仕上げていく。

17
横から見た姿。

18〜19
上段両側サイドにユニットを差し込むために、10と同様にミズゴケをユニットの間と株元に丸く入れ、土手を作って用土がこぼれないようにする。

ウォールバスケット

20

21

20
ミズゴケでしっかり土手をつくる。株の間、上部を丸く仕上げる。

21
培養土をいっぱいに入れる。

22～23
左ページの写真を正面上から見てみると、花の向きや高さを見ながらひとつひとつユニットを入れている様子がわかる。

24～25
残りのユニットは5つ。はじめのうちは、この分量が、小さなスペースに入るのかと不安になるかもしれないが、ぴったりとおさまる。

22

24

25

23

115

ウォールバスケット

最後の5つのユニットを入れていく。

26〜29
上段、いちばん後ろのユニットを2つ入れる。27は横から見た姿。配置図の13、14番を入れたところ。まん丸なアウトラインが決まる。後は15を入れるだけだが、その前に、しっかりとミズゴケを隙間に詰めて培養土を入れる。15ユニットを入れる最後のスペースにはめいっぱい用土を入れないようにする。29では、上部前方に13、14番の2つのユニットを入れた。丸で囲んだ最後のキー・ユニットが入る部分を残す。

30

正面上部に1ヵ所、最後のユニット⑮をおさめる。

31

最後の頂部ユニット⑮（アーチ構造の「要石」の役目をする株）がすっぽりとおさまるように、入れてある用土を少しだけすくい取っておく。最後の正面頂部ユニットの根鉢部分とおさめる凹部のサイズがピッタリになるようにするとしっかりとした構造ができあがる。頂部ユニットがおさまったらミズゴケを隙間に足してほぼ完成。ミズゴケを株間に詰めて固定する。横からも見て、丸くなるように調整する。各パーツがグラグラするところがないかチェックして、必要があれば隙間にミズゴケを詰めておく。

ウォールバスケット

[32]
最後のユニットをしっかりと入れ終わったら、正面から後ろ側に両手をまわして、側面に入れたユニットが全体的に前に向くように何回か手前に引き寄せる。これにより、全体のフォルムが引き締まり、構造もしっかりとしてくる。正面からまん丸に見えるようにしたい。

[33]
上段の後ろにたっぷりとミズゴケを入れてウォータースペースとする。全体にしっかりと水を与えておこう。

[34]
仕上げにウォールバスケットのいちばん後ろ上部にも厚めにミズゴケを入れていく。保水とともに、ウォータースペースとなり、全体が前に向くように固定される。

> **ここがポイント！**
>
> ウォールバスケットは、バスケットを骨組みに利用したマウント（石垣のような組積構造を持つ力学的な手法）と考えることができる。植えるというよりユニットを積み上げる感じに。ミズゴケで密着していく。

ウォールバスケットは、壁にかけるものなので、スタンドや壁に飾って楽しみたい。

Column

管理と手入れ
「きれい」を長く楽しむために

1 | 飾る場所

　基本的に花ものは雨に濡らさないようにしたい。植物を健康に育てるには、光と水、温度の3つが十分にある場所が良いが、屋外は環境の変化の大きいところもある。雨に当たらず、明るい屋外が理想だ。
　ギャザリングの作品は遠くから眺めるより、できるだけ近くで見て細部を楽しんでもらいたい。玄関まわりの軒のある場所、壁といった暮らしの動線に沿った場所で、切り花では飾れなかったようなところへ。あるいは、カフェやレストランの入り口、ショッピングモール、明るい吹き抜けのある高層ビル、ホテルといった商業空間、パブリックな空間など、これからもっと展示されるべき場所が待っている。コンテナやポットは床にベタ置きするより視線を高くすると価値が上がる。花台、花卓などを上手に使って立体的なレイアウトで見せよう。

2 | 水やり

　植物は鉢のなかに根をめぐらせ、細かい根毛によって水分や養分を吸収している。根毛は、水分が少なくなるときにそれを求めるように伸びていくのだという。その性質を考えると、水やりはメリハリをつけ、たっぷりやって乾くまで待つことが大事だ。一方、植えつけた直後はミズゴケや培養土にしっかりと水をやって乾かさないようにすること。

3 | 肥料

　良い苗を使うことが第一の条件。良い苗は、植物に合った良い用土を使っている。このような用土には元肥が与えられていて、誰が植えても最初から上手に育つように考えられている。1ヵ月楽しむことを考えるなら植えつける用土に肥料を入れる必要はない。植物は光を浴びて自らエネルギーをつくり出している。ギャザリングは盆栽のように、生長を抑制する園芸に近い。デザインのフォルム、外観は時間を経ても変わらず、植物は互いに影響し合い、ゆっくりとひとまわり大きくなっていく。必要があれば、花つきが良くなる効果のある液肥を水やりと同時に与える。液肥は速効性があり、気温の低いときにも効果を出しやすい。長期間花が咲く植物には元肥として化成肥料を用土にまぜても良い。

4 | 花がら摘み

　花が咲き終わったものはそのままにせず定期的に摘み取る。そのままにしておくと見ばえが悪いだけでなく、タネができ次の花が咲きにくくなり、カビが出たり腐ったりするなど病気の原因にもなりやすい。清潔なハサミを使って丁寧に行おう。

5 | 切り戻し

　茎の切り戻しの機会はほとんどないが、秋から春にかけてつくったものが暖かくなり、大きく茂ってきたものを、梅雨前の湿度が高くなるころに一度ばっさりと切るということはある。これにより、ペチュニアやニチニチソウなどは夏には再び元気な花を見せる。アレンジの姿を整えるときにも切り戻すと良い。

Column

6 | リメイク

　ギャザリングはユニットで構成するつくりになっているので、部分交換もできる。一年草の花ものだけを交換し、葉ものは再び使うといったこともできる。3ヵ月も経つと、根は器の下まで達し、鉢から植物を抜くと根がすべて一体化しているだろう。そのような場合は、ハサミを使うなどして分けて使えるものと処分するものを整理し、新たに植え替えよう。長く伸びた花材は貴重な素材だ。

穴なしの器にベラボンで植える場合は、たっぷりと水をやった後、一度逆さにして水を切る（ユニットは固定されているので落ちない）。その後は、かなり乾いたと思うまで水をやらないようにメリハリをつけるのがコツ。ルーティブーケも、同様に、長時間水につけて飾ると腐りやすくなるので、水につけずに飾る時間をしっかりと取るようにしたい。

7 | 季節による注意点

　春から秋、秋から春とでは、植物の生育に大きな差がある。暖かい時期は伸びるのも早い。秋からの春の気温の低い時期は生長が遅いので、株間を詰めて植え、ボリューム感や華やかさのあるアレンジにしても問題が少なく、長く楽しめる。
　夏には暑さ、冬には寒さ対策を考える。夏は花束ユニットをつくるときに、できるだけ下葉を多めに取って通気性を良くする。強い直射日光を避け、明るい日陰で飾りたい。冬は冷たい風の当たらない場所で霜や雪に当てないようにし、用土が凍らない場所に置く。培養土をベラボンにすることで耐暑性、耐寒性が増し、一年中休まず楽しめる。

8 | リース、ルーティブーケ

　リースは、布などでフレームを覆って用土を入れてあるため、フレーム下部から水分が蒸発しやすい。毎朝、様子を見て乾きすぎないうちにたっぷりと水をやる。作業で使う大型の深鉢皿に水をためてそこにしばらくつけるような方法で。ルーティブーケや鉢底に穴のない器に飾るときも水やりの間隔が重要となる（右上参照）のがギャザリングだ。

北日本など寒冷地でも、培養土をベラボンに替えてから、凍りにくくなったという声を多く聞く。インドアの明るい場所でギャザリングを寒い時期にも楽しみたい。

9 | 器のペイント

　テラコッタのように茶色い素焼き鉢はほとんど使わない。アースカラーで落ちついて見えるが、花の色と合わない場合が多いからだ。器もデザインの要素、その色も考えるべき。市販の器に気に入った色のものがないなら、ペイントしてみよう（p.29参照）。器の素材によっては、内側までペンキを塗ることで耐久性を増す効果もある。

10 | ベラボン

　ベラボンは植物にとって非常に良い性能がたくさんある資材だ。水を吸って膨張し、乾燥すると収縮する。ヤシガラ素材が腐りにくく物理性が長持ちするのは素材自体に含まれるタンニンの効用。ただしこれがアクの原因ともなるので、よく理解してベラボンを活用する（P.34参照）。

下の作品は、上の作品と同じもの。下の写真は、上の作品を一部植え替えしながら半年経った様子。ギャザリングはリメイクしながら自然に変化する姿も楽しめる。

Chapter 5

さまざまなギャザリング作例

〖 使用花材 〗

アークトチス・グランディス、キンギョソウ（ブロンズドラゴン）、ヒューケラ、オレアリア・リトルスモーキー、ロータス、プレクトランサス、ヘデラ

《 使用花材 》

カラー、チョコレートコスモス、フクシア、マーガレット（サマーソングローズ）、シレネ（スタードリーム）、ルプス（サンシャインスプレンダー）、斑入りハゴロモジャスミン、ロータス・クレティクス、ブッドレア、プラティーナ、ロニセラ、リシマキア（ペルシャンチョコレート）、ヘデラ、斑入りシャガ

《 使用花材 》

コロキア・コトネアステル、アルテルナンテラ（若紫）、エレモフィラ（グラブラ）、オレアリア（リトルスモーキー）、プロテスタンテラ（バックステリー）、ヘリクリサム（シアンスチャニカム）、ウエストリンギア（スモーキーホワイト）、アジュガ

花苗と切り花を組み合わせた作品。切り花には1本ずつ保水してある。

《 使用花材 》

切り花は、アンスリウム、ブルースター、カーネーション、ヒペリカム。鉢苗は、ポトスライムミニ、アイビー(デルバータ)、シャガ、ミスカンサス、プテリス、ペペロミア、センリョウ(ダークショコラ)、オリヅルラン、フィットニア、グニーユーカリ

《 使用花材 》

斑入リセアノサス、ユーフォルビア(ダイヤモンドフロスト)、フランネルフラワー、ミニバラ、ペチュニア(ミニニム)、リシマキア(シューティングスター)、ロベリア(夏子)、バコパ(コピアダブル)デルフィニウム、ミスカンサス、スクテラリア(ブルーファイヤー)、セントーレア(パープルハート)、オレアリア(リトルスモーキー)

【 使用花材 】

ダリア(ラベラピッコロ)、ペチュニア(ダブルアイスピンク)、フクシア(ウィンチャイム)、バーベナ(ラナイ・ヴィンテージローズ)、キンギョソウ(スカンピードラゴン)、ネメシア(メロウ・ピンクスワン)、エンゼルレース、ヒューケラ(シュガーフロスティング)、オレガノ・ロンダフォーリア、アストランティア・マヨール(ロゼア)、ミントブッシュ、ペチュニア、ゼラニウム、プラティーナ、ミスカンサス

【 使用花材 】

ネメシア、ペチュニア(ブルーアイズ)、銅葉キンギョソウ、デルフィニウム、ヘリクサム、斑入りカラミンサ、オレアリア、ベアグラス

〖 使用花材 〗

ローズマリー、ペチュニア（'リトルホリデー・ダブルブルーアイス'、'リトルホリデー・シルバー'）、栄養系バーベナ 'ラベンダースター'、観賞用トウガラシ（'パープルフラッシュ'、'カリコ'）、ダイコンドラ 'シルバーフォール'、ユーフォルビア 'ダイヤモンドフロスト'、プレクトランサス 'シルバークレスト'

〖 使用花材 〗

ハイドランジア（'HBA ホットレッド'、'HBA ピンクセンセーション'、'HBA ホワイトディライト、ガクアジサイ 'フリスビー'）、トラディスカンティア（'パープルエレガンス'、'シルバーエレガンス'、'ホワイトジュエル'）、トラディスカンティア・シラモンタナ

【 使用花材 】

「多肉グローブ」は多肉植物の球体仕上げ。ギャザリング・モスを使用。多肉植物は背の高さの揃っているものを選ぶ。

【 使用花材 】

木立性セネシオ（桂華）、マーガレット、クリスマスローズ、ビオラ、アリッサム、イベリス、タイム、ロニセラ・ニティダ、ダイアンサス（スーティブラック）、シルバーレース、カレックス、ハゴロモジャスミン

【 使用花材 】

赤実アロニア、斑入リヤブコウジ、黄金ヅタ、ローズマリー、オカメザサ、ペアグラス、カレックス、アジュガ、リシマキア、コクリュウ、ルブス・カリシノイデス

【 使用花材 】

ブルーサルビア、ユーフォルビア（ダイヤモンドフロスト）、ペチュニア、バーベナ（パフェ　ブルーアンドホワイト）、スーパーアリッサム（フロスティナイト）

【 使用花材 】

ミニバラ（グリーンアイス）、黒葉トウガラシ（コンガ）、ユーフォルビア（ダイアモンドスター）、リシマキア（アトロパープレア）、シモツケ、ペチュニア（ビバ）、ペチュニア（ドリーム　アップルブロッサム）

【 使用花材 】

斑入りスパティフィラム、グズマニア、ポトス、ミスカンサス、ヘデラ、フィットニア、ホヤ、ペペロミア

【 使用花材 】

多肉植物、ティランジア・ブルボーサ、カンガルーポケット（ディスキディア）ほか

【 使用花材 】

多肉植物、ティランジア・ウスネオイデスほか

《 使用花材 》

斑入リノブドウ、ニチニチソウ（シラユキヒメ）、ニチニチソウ（ヒミコ）、クフェア（トレイリングパープル）、カリブラコア、カレックス、アメリカヅタ、ロータス（コットンキャンディ）

【使用花材】

ペチュニア（花衣 黒真珠）、サルビア（ミスティック・スパイヤーズブルー）、ミカニア・デンタータ、ペルシカリア（シルバードラゴン）、ユーフォルビア（ブラックバード）、斑入リバコパ（エンジェルリング）、アリッサム、ヒューケラ、ベアグラス、羽衣ジャスミン、コプロスマ

【 使用花材 】
ユロキア・コトネアステル、ガウラ、カレックス、アンスリウム、レモンゼラニウム、シダ（プレボティウム）、ヘリクリサム、ピレア、カリシア

〖 使用花材 〗

フランネルフラワー、プレクトランサス、ブラキカム、ローダンセマム、カリブラコア、コレア（グリーンハット）'、オレアリア（アフィン）

〖 使用花材 〗

ネメシア、ペチュニア（ブルーアイズ）、銅葉キンギョソウ、デルフィニウム、ヘリクリサム、斑入りカラミンサ、オレアリア、ベアグラス

植物 INDEX

あ

アイビー …… 17、18、20、61、107、124、125、126、132
アカエナ …… 17
アークトチス・グランディス …… 124
アジサイ（レボリューション）…… 2
アジサイ（HBA ピンクセンセーション）…… 128
アジサイ（HBA ホットレッド）…… 128
アジサイ（HBA ホワイトディライト）…… 128
ガクアジサイ（HBA フリスビー）…… 128
アジュガ …… 125、130
アストランティア・マヨール（ロゼア）…… 127
アスパラガス …… 21
斑入リアラビス・プログレンス（ハーレクイン）…… 123
アリッサム …… 55、84、103、107、108、123、129、134
スーパーアリッサム（フロスティナイト）…… 131
アルテルナンテラ …… 65、76、99、100
アルテルナンテラ(若紫) …… 125
赤実アロニア …… 130
アンスリウム …… 96、93、126、135
イベリス …… 129
イロハモミジ …… 76
ウエストリンギア …… 2、55、63、107、125
エレモフィラ …… 93、125
エンドウマメ …… 103
オカメザサ …… 130
オステオスペルマム …… 18
オリヅルラン …… 20、126
オルトシフォン …… 17
オルレア（ピエリスホワイト）…… 70
オレアリア（リトルスモーキー）…… 124、125、126、127、136
オレアリア（アフィン）…… 136
オレガノ 76
オレガノ・ロンダンフォーリア …… 127

か

カーネーション …… 17、126
ガウラ …… 135
カクトラノオ（フィソステギア）…… 76
カラー …… 17、21、95、125
斑入リカラミンサ …… 70、127、136
カリシア …… 135
カリブラコア …… 18、133、136
カリブラコア（ティフォシーダブル ベビーピンク）…… 103
カリブラコア・ペティ …… 100
カレックス …… 17、100、130、133、135
カンガルーポケット（ディスキディア）…… 132
キキョウラン …… 20、93、96
キンギョソウ …… 55、127
キンギョソウ（ブロンズドラゴン）…… 17、21、124、127、136
グズマニア …… 93、132
クフェア（トレイリングパープル）…… 133
クランベリー …… 17

クリスマスローズ（ヘレボレス・ニゲル）…… 45、107
クローバー …… 60、70
クロトン …… 93
コクリュウ …… 100、130
コンテリクラマゴケ（セラギネラ）…… 100、103
ゴシキヅタ …… 65
コチョウラン …… 21
コプロスマ …… 60、83、108、134
コレア（グリーンハット）…… 136
コロキア・コトネアステル …… 17、70、125、135

さ

ブルーサルビア（ミスティック・スパイヤーズブルーほか）
…… 131、134
シクラメン …… 47、63、99
シダ類・フレポディウム …… 135
シダ類・ポレモニューム …… 100
シダ類・ネフロレピス（スコッティ）…… 19
シッサス（エレン・ダニカ）…… 21
シモツケ …… 131
シャガ …… 125、126
シュガーバイン …… 21、93、123
シルバータイム …… 60
シレネ（スタードリーム）…… 125
シロタエギク …… 63、83、107
シルバーレース 129
スクテラリア（ブルーファイヤー）…… 126
ステレオスペルマム …… 20、93
スパティフィラム（斑入リ）…… 20、21、96、132
スマイラックス …… 96
斑入リセアノサス …… 126
木立性セネシオ（桂華）…… 129
セントーレア（パープルハート）…… 126
センニチコウ（白）…… 76
赤葉センニチコウ（コタキナバル）…… 2
ソフォラ・ミクロフィア …… 100、107

た

ダイアンサス（スーティブラック）…… 129
ダイコンドラ（シルバーフォール）…… 128
タイム …… 107、129
ゴールデンタイム …… 61
シルバータイム …… 61
斑入リフォックスリータイム …… 18、70
多肉植物 …… 19、122、129、
ダリア（ラベラピッコロ）…… 127
プチダリア …… 17
チェッカーベリー …… 17
チョコレートコスモス …… 125
黄金ヅタ …… 130
ディフェンバキア …… 93
ティランジア・ブルボーサ …… 132

ティランジア・ウスネオイデス …… 132
テマリソウ …… 76
デルフィニウム …… 20、126、127、136
観賞用トウガラシ …… 65、76、128、131
トウテイラン（ベロニカ・オルナータ）…… 78
ドラセナ …… 19
ドラセナ・ゴッドセフィアナ …… 96
トラディスカンティア …… 65、99、100
トラディスカンティア・シラモンタナ …… 128

な

ニチニチソウ（シラユキヒメ）…… 133（ヒミコ）…… 133
ツルニチニチソウ …… 17
ニューサイラン（赤葉）…… 20
ネメシア …… 17、127
斑入リノブドウ …… 132

は

バーベナ（ラナイ・ライムグリーン）…… 18
バーベナ …… 127、128、131
バコパ（ダブルコピア）…… 126
斑入リバコパ（エンジェルリング）…… 134
ハゴロモジャスミン …… 60、63、125、129、134（ライム）…… 65
ハツユキカズラ …… 2、21、63、99
ハボタン …… 17、107
ミニバラ …… 124、126
ミニバラ（グリーンアイス）…… 131
ハロラゲス …… 100
パンジー …… 63、107、108
ビオラ …… 17、83、104、103、108、129
ぞうさんビオラ …… 6、104、105、123
ヒペリカム（斑入り）…… 20
ヒポエステス …… 100
ヒューケラ …… 17、100、124、127、134
ピレア …… 135
フィカス・ベンジャミナ（スターライト・ビューティクイーン）…… 19
フィットニア …… 19、126、132
フクシア …… 125、127
プラティーナ …… 55、83、100、125、127
フランネルフラワー …… 126、136
プレクトランサス …… 70、124、128、136
フロックス …… 17、107
プロテスタンテラ・パックステリー …… 125
ベアグラス …… 70、76、127、130、134、136
ペチュニア …… 17、18、21、61、70、127、128、131、136
ペチュニア（花衣　黒真珠）…… 134
ペチュニア（ミニデニム）…… 126
ミニペチュニア・ミニチュア（ラベンダーペイン）…… 70
ペペロミア …… 70、96、126
ヘミグラフィス …… 67、76
ペラルゴニウム・シドイデス …… 15、100
ペリオニア（ハナビソウ）…… 2
ヘリクサム …… 2、127、135、136
ヘリクリサム（シアンスチャニカム）…… 125
ペルシカリア（シルバードラゴン）…… 134
ペルネチア …… 63
ポトス …… 2、19、21、132
ポトスライムミニ …… 126
ホヤ（斑入り）…… 93、96、132
ポリゴナム（ヒメツルソバ）…… 60

ま

マーガレット …… 129
マーガレット（サマーソングローズ）…… 125
マム（緑）…… 2
ミカニア・デンタータ …… 134
ミスカンサス …… 21、126、127、132、100
ミントブッシュ …… 127

や

ヤブコウジ（斑入り）…… 15、100、130
ユーカリ …… 93、126
ユーフォルビア …… 21、128、131、126、134

ら

リシマキア …… 17、126、130、131
リリオペ …… 15、102
極早生ルピナス（オーロラシリーズ）…… 6、123
ルブス・カリシノイデス …… 125、130、135
レックスベゴニア …… 21
レモンゼラニウム …… 17、135
ローズマリー …… 128、130
ロータス …… 18、21、61、124、125、133
ローダンセマム …… 136
ロニセラ …… 100、125、129
ロベリア（夏子）…… 126

わ

ワイヤープランツ（スポットライト）…… 60、61、83、108

おわりに

　2015年10月に国際フラワーEXPOという花のプロを対象とした展示商談会が幕張メッセで行われました。そこで私たちは一風変わったショー形式のデモンストレーションを企画し、たくさんの弟子たちにステージに上ってもらいました。400席あったそうですが、満席になって後ろには立ち見の人も大勢いらした。チェロの生演奏や模擬結婚式のような演出も楽しんでもらえたようです。翌年も同じ国際展示会で「ベラボン」のフジック社ブースで「デモンストレーション・マラソン」と呼んでいるイベントを行いました。3日間の会期中、朝の開場時から終わりまで、常に誰かが作品をつくっている様子を見せるという企画です。これは過去にも何度か展示会などでやってきたことで、準備は大変ですが、せっかく足を運んでくれる来場者をがっかりさせることがなく、とても喜んでもらえます。今回の実演は三人で一組とし、事前に何を語り、どう見せるか実践型の勉強会を開いて予行演習して当日に臨んでもらいました。3日間あるので総勢で何十人にもなります。その結果は、見る人にも、ブースを提供してくれたフジック社にもとても喜んでもらえました。参加した弟子たちには新たな才能に気づき、自信につながる良い機会になったと思います。

　ギャザリングの方法は植物の根鉢を取り出して、土を取るところから見せ場が始まり、やがて小さなかわいらしい花束ができるところまでで多くの人の足を留めさせる動きのおもしろさがあるようです。みなさん、なんだろう、何が始まるのかと興味を持って注目します。そこから、花束は大きな器に手早く植え込まれ作品になっていく。完成すると拍手や歓声が上がります。見る側もやるほうも楽しいステージです。苗から土を取ってユニットに組み上げてしまえば、後の作業はとてもきれいなまま進められるので、新潟で行われた花のイベントでは弟子の一人が着物姿で植え込んでみせるという演出で会場を沸かせたと聞いています。

　私たちのイベントはこのように、いつもたくさんの人を集めています。ところが、いま、日本の園芸界全体を眺めると、お客さんが減っているようです。思うように花が売れず、話題になるような花も見つからない、そんな声を多く聞きます。とても残念でもったいなく思います。いまのままではうまくいかないとわかっているのに、なすすべもなく、時を過ごしているように見えます。

　「プランツ・ギャザリング」というタイトルで月刊誌「フローリスト」（誠文堂新光社）に連載をスタートして、これまで約3年間、毎月2作品を紹介してきましたが、それらはすべて私の弟子たちにつくってもらい、撮影にも立ち会ってもらいました。作者のほとんどがギャザリングを始めて一年以内の人ばかりです。短期間の学びでも、これだけすてきなものができることを表しています。花屋さんばかりではなく、生産者にも登場してもらいました。生産者がギャザリングを行うことを私が強くすすめるのは、自分の育てている苗を売るための武器にしてほしいからです。同時に、自分の苗の品質はどうなのか、使い手の側に立って目をそらさずに向き合ってほしいからです。連載に私自身が作品を載せないのはこんな理由からでした。弟子たちに多くのことを学んでほしいからです。雑誌のなかの2ページのために写真家や編集者、デザイナーなど多くの人が関わっていることを知ってほしいからです。

　ギャザリングのレッスンでも花屋さんやガーデナーには生産者のことを、生産者には花屋さんやその先のお客様のことを思ってほしいと、ことあるごとにお話するようにしています。互いの存在があってこその仕事だと思います。ギャザリングには、人と人の集まりという意味があるように、人と人のつながりから新しいもの、きれいなもの、豊かなものを生み出していってほしい。もし、いま日本の園芸が停滞しているのなら、それは私たち園芸を指導する者の責任だと思います。日々、花と緑を扱うプロの責任だと思います。園芸指導者が新しい道、希望を示すことができなくなったなら、後進にバトンタッチしてその場所から静かに去るだけです。

　この2〜3年で本当にたくさんの人がギャザリングを自分のものにしたいと入門を希望するケースが増えています。そのなかには、切り花を使った装飾の仕事を長くしてきたという人がとても多く、一様におっしゃるのは、切り花にはない新鮮な感覚が得られるというのです。まだまだ学べることがあることに気づいたというのです。なぜでしょうか。私は根つきの植物をたくさん扱うことが、そう思わせる大きな要因だと考えます。例え小さな

草花でも、生きている植物には切り花とは異なる力があるように感じます。湿り気のある土や、繊細な根にたくさん触れる経験は、日常では得られない新鮮な感覚を呼び起こしてくれます。同時にそれは幼少時代のどこか懐かしく幸福で温かい感情でもあります。土や根に触れる経験は、花屋さんやガーデナーだけでなく誰にとっても非日常的で楽しい時間になる。そのように思います。私がここ5年ほどプロフェッショナルな人たちを中心に指導しているのは、ギャザリング体験のできる場所と責任を持って教えられる人を全国に増やしていきたいという思いからです。根鉢を解くときに出るたくさんの土の処分のことや、作業のできる場所(工房・ワークショップ・スペース)ができるだけ近くにあればやってみたいという人はどの地域にもたくさんいらっしゃいます。

　園芸という歴史ある人間の活動を眺めるとき、ギャザリングという方法が示しているのは、ある種の「空き地」「空白」だったのではないか、と思います。もともとはひとつだった植物の「栽培と利用」が次第にそれぞれ専門分野ごとに分かれ、切り花の利用という方向と鉢ものの利用に分かれていく。扱うお店も専門分化し、日本の経済成長とともに需要が拡大して、流通する商品は増えたけれど、その利用の仕方について誰も立ち入ることのなかった「空白」「空き地」が根つきの植物を切り花のように材料として使う。建物や空間など何かを飾るために使うのではなくて、人間の表現のために使う。そんな領域が手をつけられないままに残ったのではないでしょうか。ギャザリングはその空白に出てきた技術のように思えてなりません。つまり、切り花装飾と鉢もの装飾の境界を溶かすような方法ではないかと思います。

　この10年ほどの間、切り花のほうは消費者が求める「日持ち性」が足りないことに壁があると感じているようですし、鉢ものは「良いものをつくっても高く売れない」価値の目減りに直面しています。高い意識と経験による卓越した技術でつくり込んだ花鉢のギフトも低価格化が進み、新品種や希少価値を売りにするものも消費サイクルのスピードに追われて消耗品になりつつあるようにも見えます。生産と流通にかかるコストだけはずっと上がってきています。ギャザリングは鉢ものを完成品と考えずに装飾と表現のための素材としてどんどん使い、希少なものを求めるのではなく、市場に大量に流通するもののなかで最高の品質の苗をどんどん使う方法です。つくり込まれたギフト用の鉢ものでもなく、造園や公共スペースの花壇に使うための素材でもない、人々の家庭で楽しむためのもの。そこにまだ「空白」「空き地」がある。大きな全体の一部分かもしれませんが、ギャザリングはひとつの答えではあると考えています。この答えがこれから世界にどんな効果をもたらすのか、見てみたいと思っています。

　そのためには、戦後一環して唱えられてきた園芸に対する考え方を変えていく必要があると思います。「園芸にお金をかけるのはもったいない」「廃品を使った裏ワザで気軽に花を楽しむ」「一枝、一株の植物でたくさん増やす、大きく咲かせる」「珍しいもの、他の人が持っていない植物には価値がある」。果たしてこのような話を聞いて生産者が未来にどれほどの夢を持てるでしょうか。「今、たくさんあるものを豊かに使うこと」を考えたく、本当にきれいで価値あるもの、ほしいと思うもの、たくさんの花や緑と戯れることを「お金をかけても良いからやりたい」と言ってもらえるようにする。そのように多くのプロが動き出すときが来ているのではないでしょうか。

　ギャザリングの技術も多くの人が取り組むことでやがてはアーティスト一人一人の総合的な力の差が世界の評価になっていくはずです。技術やスタイルとはそういうものだから、私はいつも新しいものに取り組んでいきたいと思っています。現在はまだ寄せ植えのひとつのスタイルとして認識されているギャザリングですが、これからどんなふうに発展していくのか私にもわかりません。切り花と鉢ものの境界にあるこの場所に花を植え、多くの人を誘いたいと思います。これからも自分に与えられた残りの時間をすべて使ってギャザリングの方法を教えていくつもりです。根のついた植物を人の手のなかで組み合わせ、表現していくこと。もともと美しい植物を自分の手でもっともっときれいに見せたい、そんな強い表現への意欲を持つ弟子たちを育てていきたいと思っています。

青木英郎

作品監修：
青木英郎

ギャザリングに関する総合案内
あおき式ギャザリングポータルサイト　www.87gathering.com

作品制作・撮影協力者（50音順・敬称略）：

青山茂美	倉田真寿	富久田三千代	水谷純子
秋田茂良	郡司枝美	豊田江利	水野百合果
浅岡宏明	古池紀美子	豊田恭子	峰山美保子
浅沼利恵子	小泉 徹	中島孝司	見元富子
浅野代穂子	古賀健介	中村雅樹	宮崎 良
安間秀仁	小塚今日子	中村華子	宮下ゆみ
後藤隆之	小林左知子	中西元春	宮村かおる
池田眞由美	小森妙華	中村吉子	村上太一
石川じゅんこ	境 明美	中村奈々子	森恵美子
磯邉弥寿子	阪上登貴	難波良憲	森田すみこ
井田義彰	阪上萌	西口晶代	森田真樹
一圓祥子	坂上久美子	野口和也	諸山典子
伊藤田鶴子	佐々木貴由樹	野田とも子	八島俊征
稲毛隆行	笹間満寿美	長谷川かすみ	柳澤雅美
今関眞理	さとうゆう子	長谷川大輔	山上明美
今村初恵	佐藤幸子	畑山律子	山内千代子
井村寿美代	佐藤翔平	八田雅子	山口みち子
内山輝亮	座間絢乃	濱野靖子	山口陽子
宇津智香	座間節代	早川とし子	山本ちづる
瓜生あずさ	四方美希	原 伸年	山元泰治
植林健一	柴田しず江	原 千秋	山地加奈子
植林万里子	柴田育美	坂内文子	横井千佳
大谷美紗	杉原知子	樋口美奈子	吉田完深
太田 恵	杉原 渉	日根野紀美子	吉田朱里
大塚芳子	鈴木克彦	平川祥子	吉村純子
大塚小秩子	鈴木千絵	福田佳子	吉本衣里
大貫茂子	鈴木達也	福島恵美	吉村雅代
大場 育	鈴木那穂子	藤巻悦子	渡邊美枝
大橋理絵	鈴木嘉美	藤田善敬	渡会卓也
大淵郁子	鈴木美賀	舟田一与	
小笠原美代子	関根久恵	堀内孝恵	ギャザリング関西教室のみなさん
岡田成人	関根由美	堀内伸浩	ギャザリング関東教室のみなさん
小川賢治	関野阿津子	堀江聖子	ギャザリング西尾教室のみなさん
小川由恵	瀬戸口佳子	本間史朗	
越阪部裕司	瀬沼 泉	前田美香	京都生花株式会社
表 寿子	高橋りょう子	牧野博美	鴻巣花き株式会社
尾関純子	高橋ひとみ	益子 裕	
柿原さち子	高櫻朋美	松永恒青	辻川園芸
家久来聖子	瀧口利佳	松 英樹	花・野菜苗生産直売のお店　苗やさん
計盛智美	竹上陽子	松 真紀	お庭とお花　はなんぼ
片芝眞奈美	建部ゆき枝	松本知子	藤田植物園（童仙房ナーセリー＆ガーデン）
嘉野左代子	建部磨歩	松本弘美	フラワーショップ ル・プランタン
河合久美子	田中志幸	松下純子	フラワーショップ いなとめ
川井孝幸	谷中かなえ	松村宏美	株式会社フジック
川井由紀	田中正之	松村幸子	株式会社ミヨシグループ
かわのあかね	辻川穂高	松村奈々	
久保哲也	寺田直美	みずのともこ	（写真協力）　白久雄一

著者

青木英郎　Hideo Aoki

「ガーデニング工房あおき」主宰。ガーデンデザイナー、ギャザリングアーティスト、あおき式園芸講師、園芸業経営アドバイザー。1951年7月24日生まれ。獅子座、血液型B型。陸上自衛隊勤務ののち、6年におよぶ苛烈な海外任務を経て帰国。その後、企業に就職し会社勤めを始める。祖母や母の影響もあって花や緑へ関心を持ち始め、3鉢のサフィニアから園芸にのめりこむ。さらにいけばな、フラワーアレンジの勉強のため個人レッスンやスクールに通うなどして、集中的に技術を追求する。園芸分野では、花壇・ウォールバスケットの各種コンテストで数多くの受賞歴あり。その後、設備・造園の仕事を経て自宅に工房を構えガーデニングの指導を始める。この6,7年は、プロ向けの指導を重視し全国に出向いて教えている。新幹線利用回数は年間150回を超える。園芸店、ホームセンター等のコンサルタント業務も行っている。これまで独特な「徒弟制」による一年間限定の指導を行ってきたが、2016年から、取組姿勢や作品を見た上で技術認定し、各自の活躍を後押ししている。園芸指導者こそたくさんの花苗を購入し、自宅でも使う人であるべきだという持論のもと、花と植物とともに生きてきた。長い時間と試行錯誤を経て体系化した独自の園芸手法である「ギャザリング」を、いまも、日々進化させている。著書に「寄せ植えギャザリングテクニックBOOK」（小社刊）

〒486-0947 愛知県春日井市知多町1-80　gogo@rainbow.plala.or.jp

撮　　影	徳田 悟　佐々木智幸
挿　　画	座間絢乃
デザイン	林慎一郎（及川真咲デザイン事務所）
編　　集	松山 誠

土を使わない新しい園芸テクニックを完全マスター
寄せ植えギャザリング・メソッド

NDC793

2017年1月26日　発　行
2022年4月1日　第3刷

著　者　　青木英郎
発行者　　小川雄一
発行所　　株式会社誠文堂新光社
　　　　　〒113-0033 東京都文京区本郷3-3-11
　　　　　電話 03-5800-5780
　　　　　https://www.seibundo-shinkosha.net/

印刷・製本　図書印刷株式会社

ⓒ 2017, Hideo Aoki　Printed in Japan

検印省略
落丁、乱丁本は、お取り替えいたします。
本書に掲載された記事の著作権は著者に帰属します。これらを無断で使用し、展示・販売・レンタル・講習会などを行うことを禁じます。
本書掲載記事の無断転用を禁じます。

本書のコピー、スキャン、デジタル化等の無断複製は、著作権法上での例外を除き、禁じられています。本書を代行業者等の第三者に依頼してスキャンやデジタル化することは、たとえ個人や家庭内での利用であっても、著作権法上認められません。

JCOPY ＜（一社）出版者著作権管理機構　委託出版物＞
本書を無断で複製複写（コピー）することは、著作権法上での例外を除き、禁じられています。本書をコピーされる場合は、そのつど事前に、（一社）出版者著作権管理機構（電話 03-5244-5088／FAX 03-5244-5089／e-mail：info@jcopy.or.jp）の許諾を得てください。

ISBN978-4-416-51762-8